Die KUNST des Zeichnens

FÜR KINDER

ÜBUNGSBUCH

OPTISCHE TÄUSCHUNG

INHALTSVERZEICHNIS

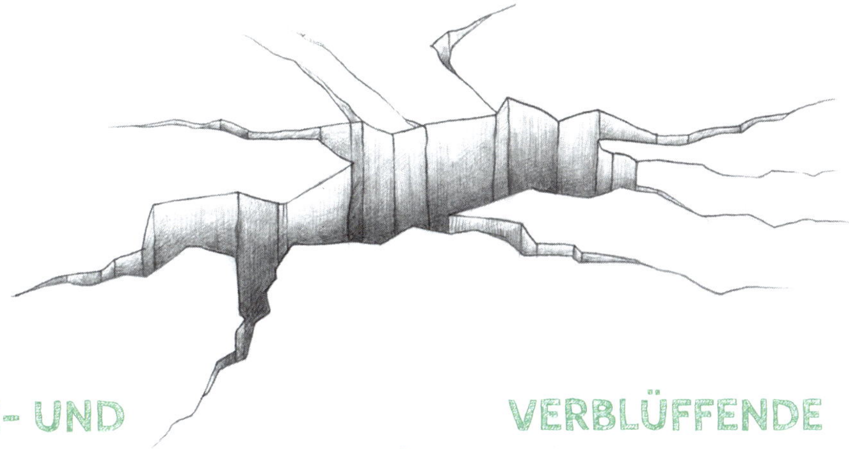

ÜBUNG MACHT DEN MEISTER

Liebe kleine und große Künstlerinnen und Künstler,

die Idee, mit Zeichnungen und Bildern den Betrachter zu verwirren, ist schon sehr alt. Bereits im Zeitalter der Renaissance und des Barocks, also vor mehreren Jahrhunderten, gab es berühmte Maler und Zeichner, die sich gestalterischen Illusionen gewidmet haben. Wenn ihr dieses Übungsbuch in der Hand habt, seid ihr vielleicht ebenso große Fans der optischen Täuschungen wie ich einer bin. Mit den Motiven, die ihr im Buch findet, könnt ihr euch immer wieder neu herausfordern. Dabei gelingen euch bestimmt verblüffende Darstellungen, für die ihr viel Anerkennung bekommt. Also, blättert das Buch gleich mal durch und fangt mit dem Motiv an, das euch am besten gefällt.

Ran an die Stifte!

Euer

Gecko Keck

Schwierigkeitslevel

★☆☆
LEICHT

★★☆
MITTEL

★★★
SCHWER

GRUNDKURS

Ein paar zeichentechnische Grundlagen sind wichtig, damit du später gut zurechtkommst. Zeichne also am besten erst diese Übungen, bevor du dich an die einzelnen Motive wagst.
Nimm dir Bleistifte (von 2H bis 3B), Spitzer, Radierer und Lineal und leg los!

GRUNDFORMEN

Wir fangen mit einer ganz einfachen Übung an: Zeichne Kreise, Rechtecke und Dreiecke, sowohl freihand als auch mit Linealen oder Schablonen. Versuche dabei, die Form dieser geometrischen Grundkörper so genau wie möglich zu treffen.

Schraffiere und gestalte einige weitere Flächen, die hier noch weiß sind.

Übrigens: Umrisslinien bezeichnet man auch als Konturen.

Die Umrisslinien geben dir ein paar Formen vor. Zeichne viele weitere Grundformen.

FLÄCHEN UND SCHRAFFUREN

Schraffurtechniken sind sehr wichtig fürs Zeichnen: Du kannst mit ihnen gleichmäßige Flächen in Grautönen und Hell-Dunkel-Effekte gestalten. Für helle Schraffuren brauchst du einen harten Bleistift und wenig Druck. Mit einem weichen Bleistift und viel Druck erzeugst du dunkle Schraffuren.

Versuche, die Schraffuren von links nachzuzeichnen.

Parallelschraffur

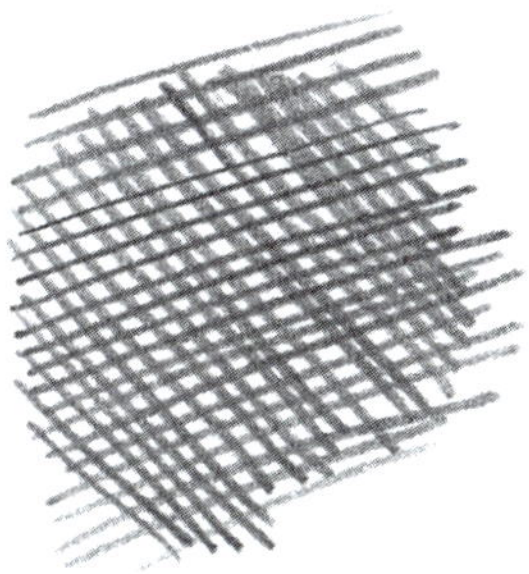

Kreuzschraffur

Formlinien

Hier hast du viel Platz, um verschiedene Schraffuren frei zu üben.

PARALLELE LINIEN

Den Begriff kennst du bestimmt aus der Schule: parallele Linien. Ein Lineal oder Geodreieck ist natürlich ein super Hilfsmittel, um perfekte parallele Linien zu zeichnen. Selbstverständlich darfst du beim Zeichnen der Motive in diesem Buch auch Hilfsmittel verwenden.

Fülle die Seite vollständig mit parallelen Linien.

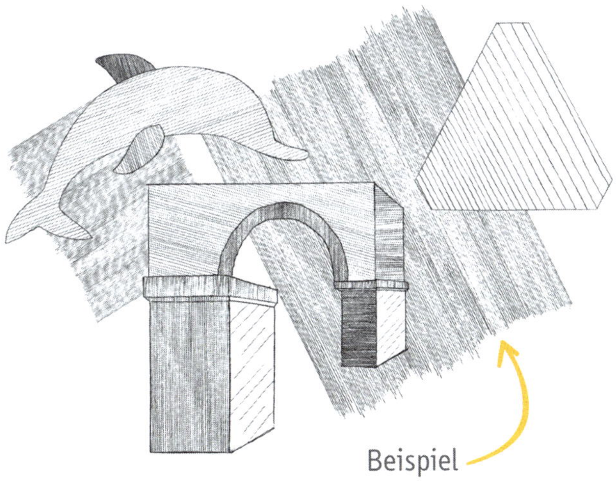

Gestalte die Flächen in und um die drei Formen mit parallelen Linien. Variiere die Abstände der Linien zueinander.

MUSTER-LABYRINTH

Rechte Winkel wie in diesem Labyrinth brauchst du später bei den Illusionszeichnungen sehr oft. Natürlich kannst du für das Zeichnen des rechten Winkels Schablonen und Lineale einsetzen. Versuche es aber ruhig auch freihand!

Zeichne an diesem Labyrinth weiter. Doch aufgepasst:
Verwende für die Ecken ausschließlich rechte Winkel.

Ergänze weitere Schraffuren und Strukturen und erstelle so ein Muster-Labyrinth.

EINFACHE MUSTER

Mit Rechtecken und Quadraten haben wir es bei unseren Illusionszeichnungen oft zu tun. Deshalb gestaltest du bei dieser Übung die Flächen von kleinen, freihand gezeichneten Quadraten. Wende dabei alles an, was du bisher gelernt und geübt hast - Schraffuren, Linien, Winkel, Kreise, Verläufe ...

Zeichne die Muster und Schraffuren über die hell abgedruckten Linien.

Gestalte deine eigenen Quadrate. Statt Muster kannst du auch konkrete Dinge zeichnen: ein Fenster, eine Briefmarke …

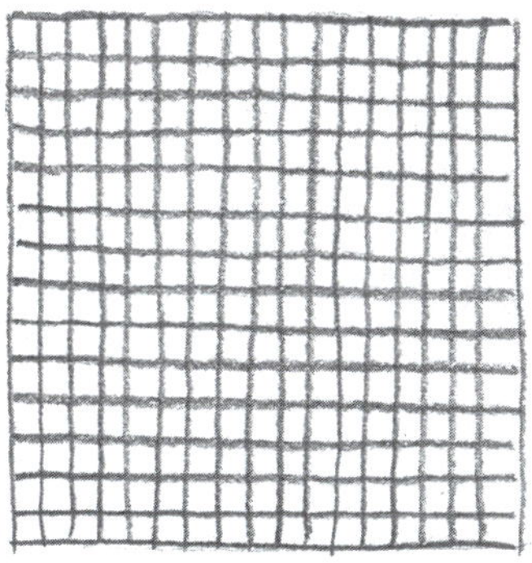

STRUKTUREN IM KLECKS

Jetzt gehen wir gestalterisch noch einen Schritt weiter! In den Klecks auf der rechten Seite kannst du alles an Schraffuren, Mustern und Strukturen einzeichnen, was dir so einfällt. Je mehr du dabei ausprobierst, umso mehr kannst du an Strukturen später bei den Motiven mit einbringen.

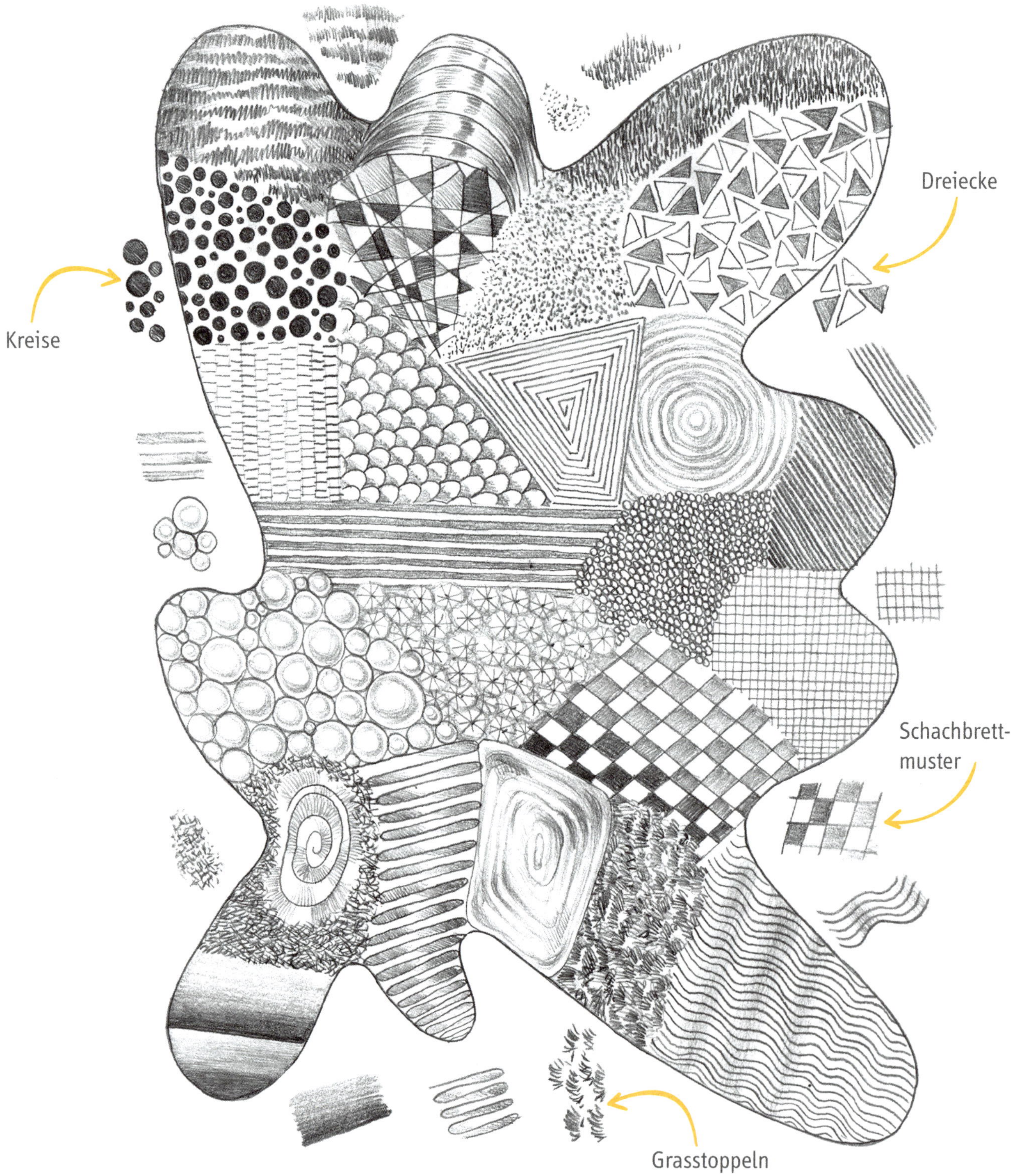

Fülle die Kontur großflächig mit Strukturen und Mustern deiner Wahl.

ILLUSIONEN ZEICHNEN

Die folgende Übung ist sehr wichtig, denn nun überschreiten wir die Grenze von einer einfachen Zeichnung zur Illusion. Die Kreise auf der linken Seite zeigen dir Techniken, die du bereits kennst. Aber auf der rechten Seite entsteht durch weiche Verläufe und Schatten der Eindruck, dass es sich bei den Kreisen um Kugeln handeln könnte.

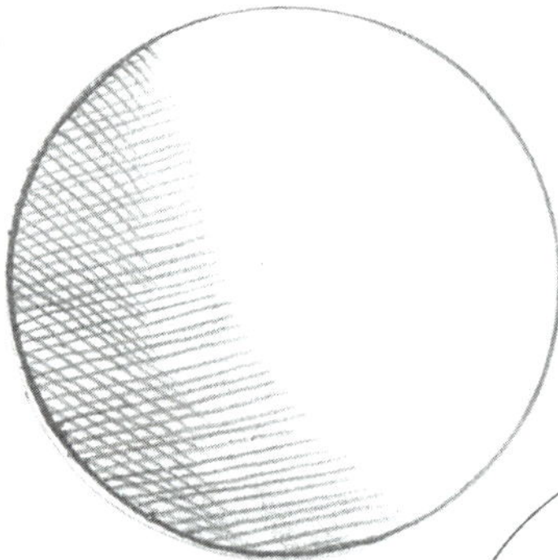

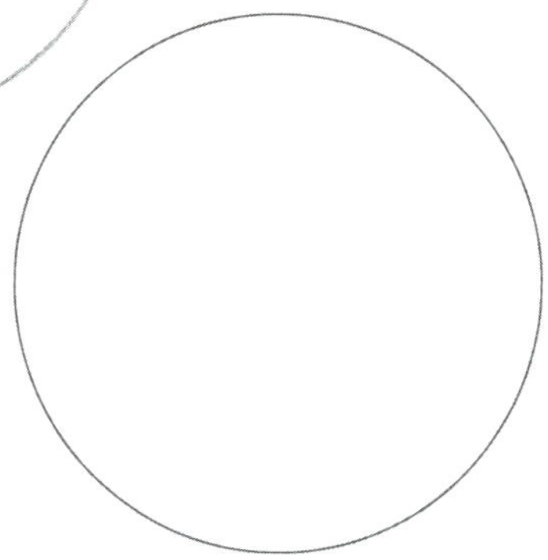

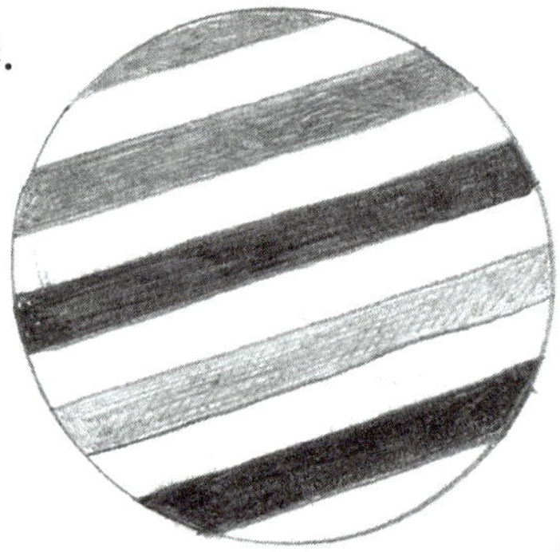

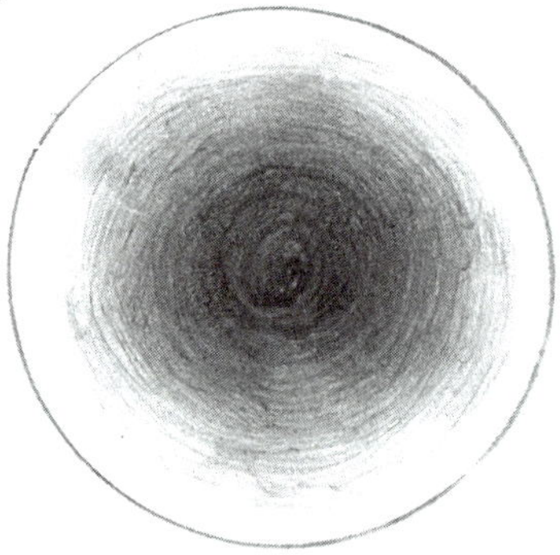

Gestalte die Kreise mit Mustern, Parallelschraffuren und Verläufen. In die Zwischenräume kannst du weitere Muster und Strukturen zeichnen.

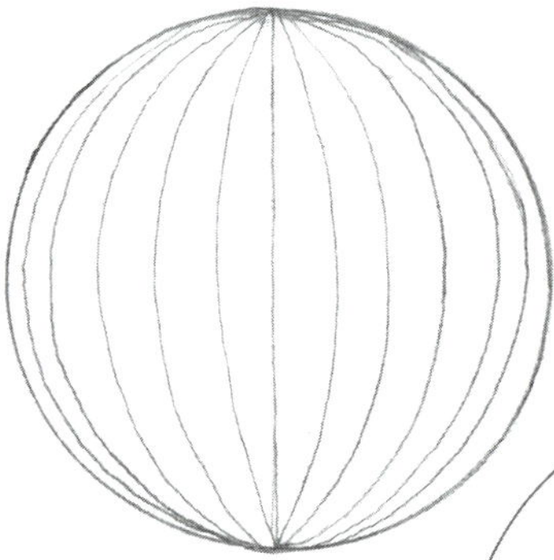

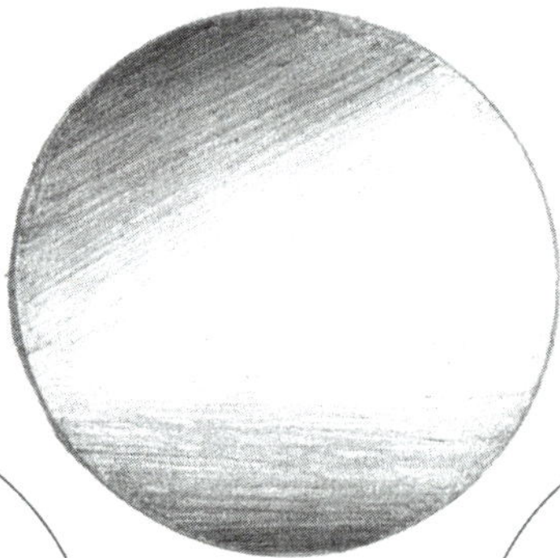

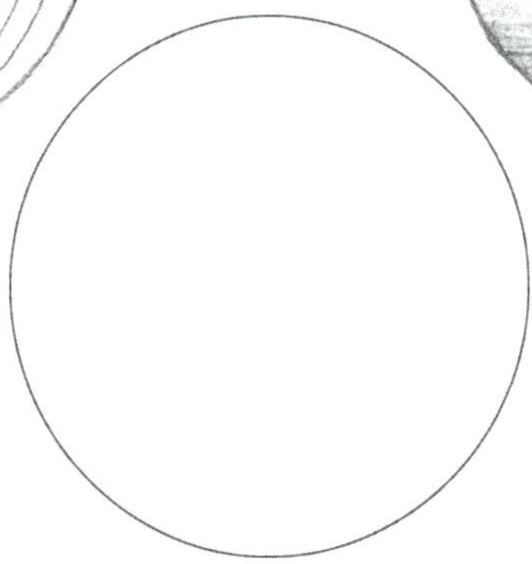

Sieh dir die kleinen Abbildungen genau an und versuche die großen Kreise daneben auf diese Weise als Kugeln auszuarbeiten.

PERSPEKTIVE

Viele Motive, die du in diesem Buch findest, beruhen auf einer perspektivischen Darstellung. Es ist wichtig, dass du dich ein wenig mit der Perspektive auskennst, denn der Trick besteht häufig darin, die Perspektive so abzuändern, dass optische Täuschungen entstehen.

Drei-Punkt-Perspektive

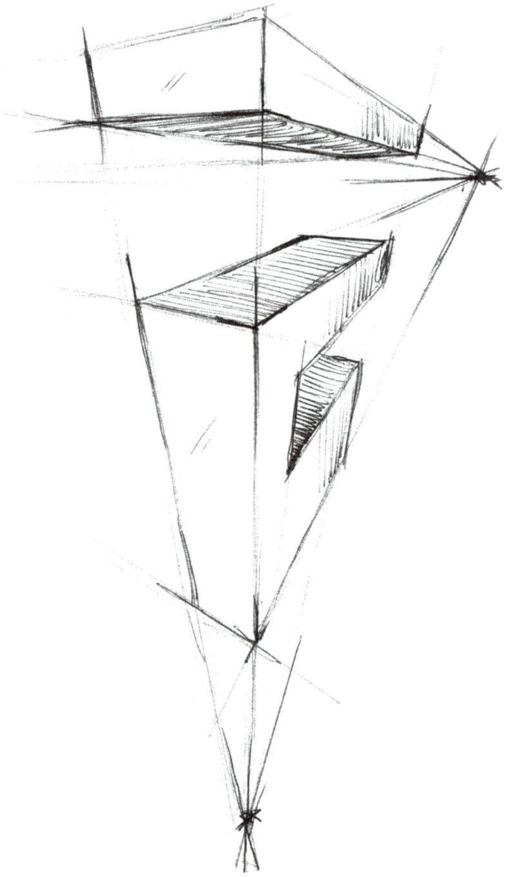

Ein-Punkt-Perspektive

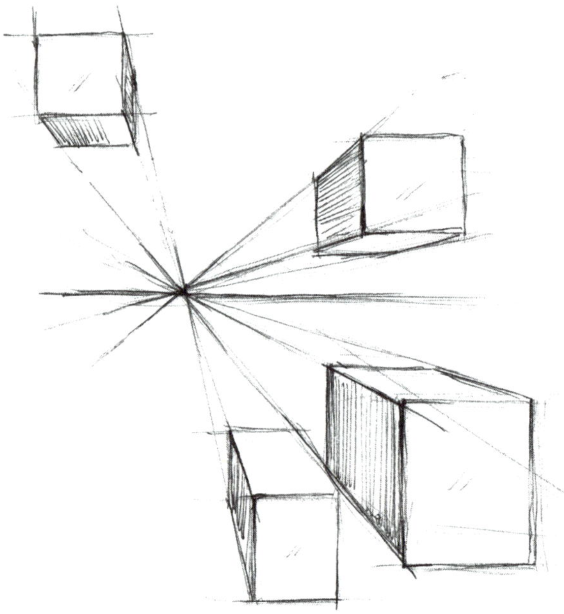

Isometrie

Zeichne die Perspektivlinien farbig nach. So kannst du sie besser nachvollziehen. Wer schon geübt ist, kann versuchen weitere Körper zu ergänzen.

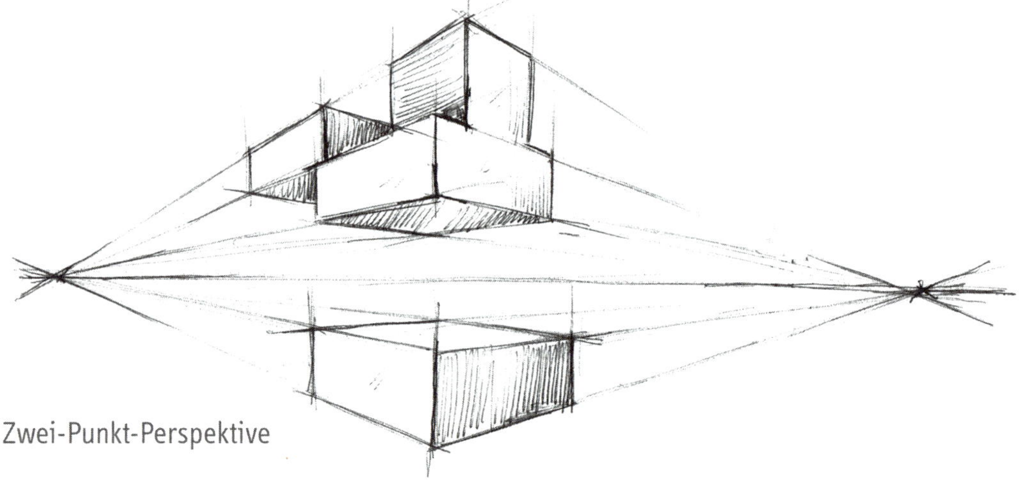

Zwei-Punkt-Perspektive

Gestalte die drei Landschaften rechts
mit Farbe weiter aus.

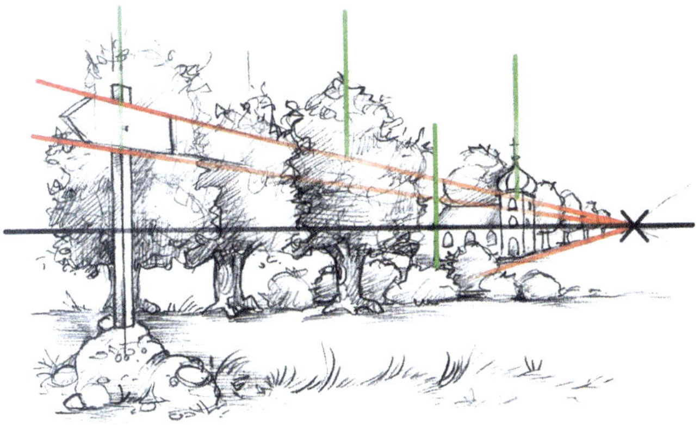

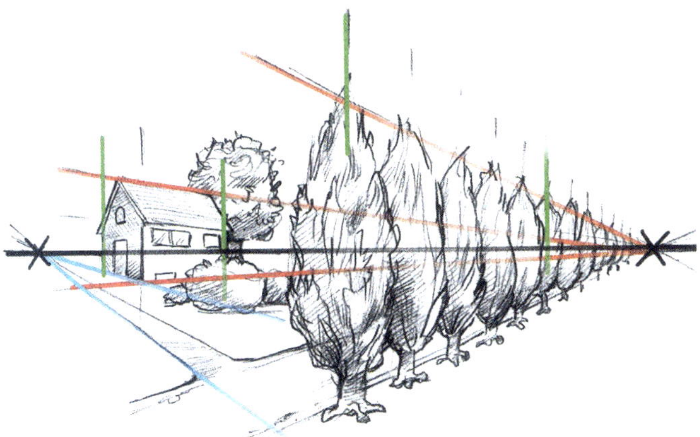

SCHRITT FÜR SCHRITT

Siehst du hier auch abwechselnd zwei Gesichter im Profil oder einen Pokal?
Zeichne das Trugbild Schritt für Schritt nach.

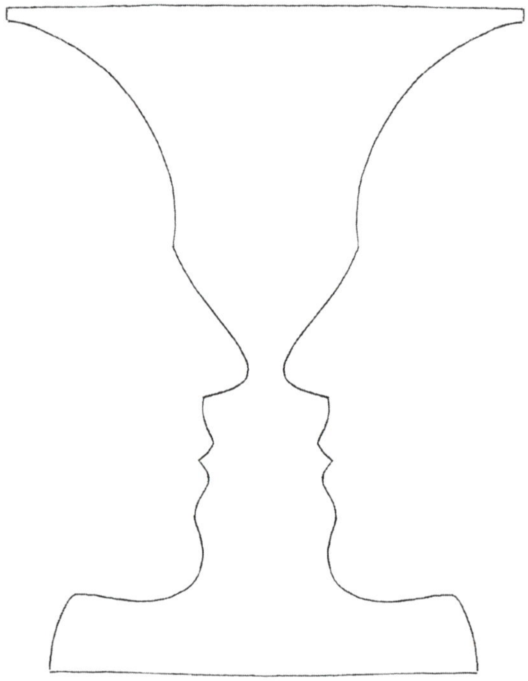

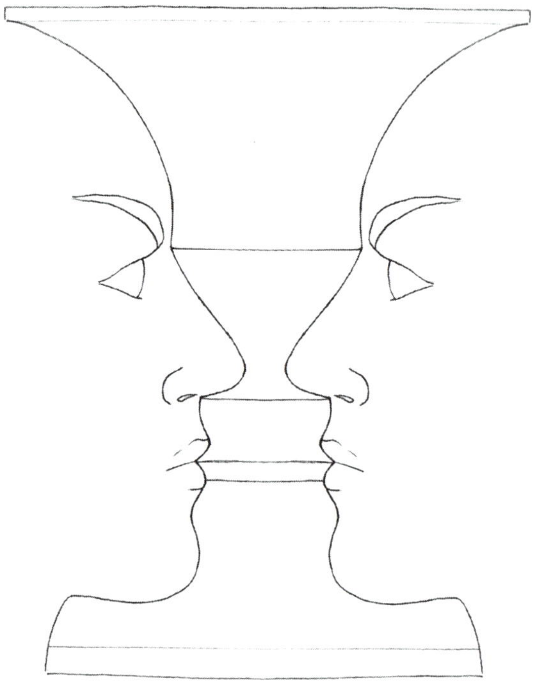

Zeichne zuerst die Grundform und dann die ersten Details der Gesichter und des Pokals.

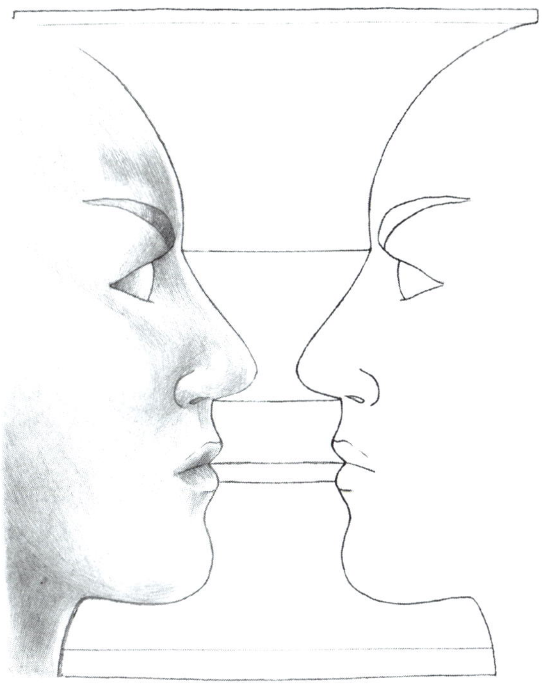

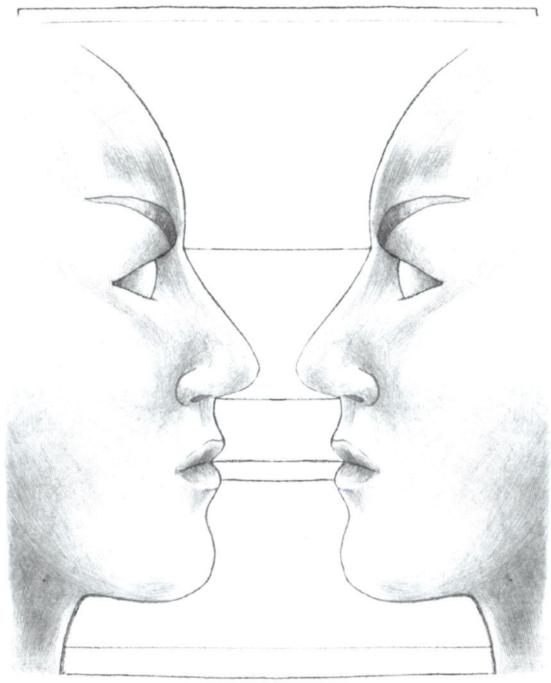

Gestalte die Gesichter nach und nach mit feinen Schraffuren.

PERSPEKTIVISCHE ILLUSIONEN

Los geht's mit falschen und abgewandelten Perspektiven, die für Verwirrung sorgen! Mit den Motiven auf den nächsten Seiten kannst du deine Freundinnen und Freunde oder deine Familie bestimmt ziemlich verblüffen.

SÄULENGANG

★☆☆

Was geht denn hier vor sich? Dieses Motiv ist ein prima Einstieg in die Welt der optischen Täuschungen. Indem du die beiden Pfeiler in der Mitte verkürzt, scheinen die Bogen, die sich eigentlich an den Vorderseiten befinden, plötzlich hinten zu liegen.

Die Konturen sind dir bereits vorgegeben. Zeichne das Motiv weiter. Entwirf ein Dach für den Säulengang.

HOCH ODER RUNTER?

★★☆

Wenn du die Treppe von vorn anschaust, führt sie zuerst nach oben und dann nach unten. Aber von hinten betrachtet ist es genau umgekehrt: Die Treppe führt zunächst nach unten und dann nach oben.

Gestalte einen Hintergrund für die unmögliche Treppe. Steht sie im Freien oder ist sie von lauter Treppen umgeben?

Zeichne die rechte Hälfte der Treppe mit allen Schatten fertig.

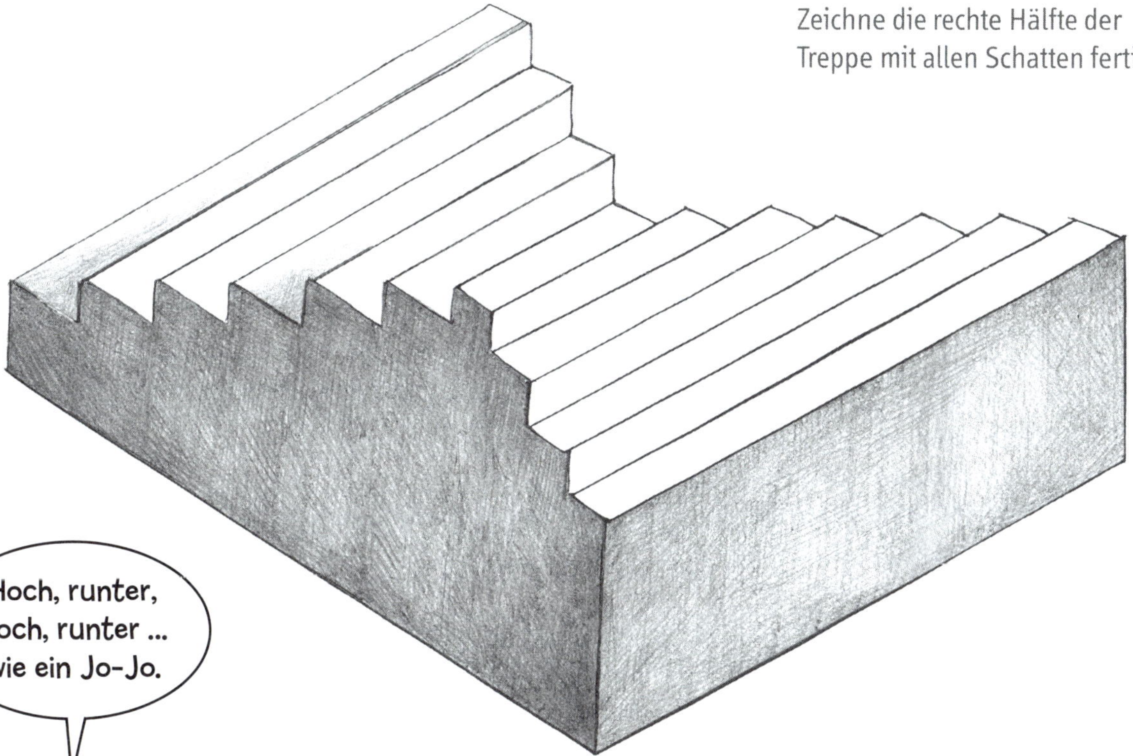

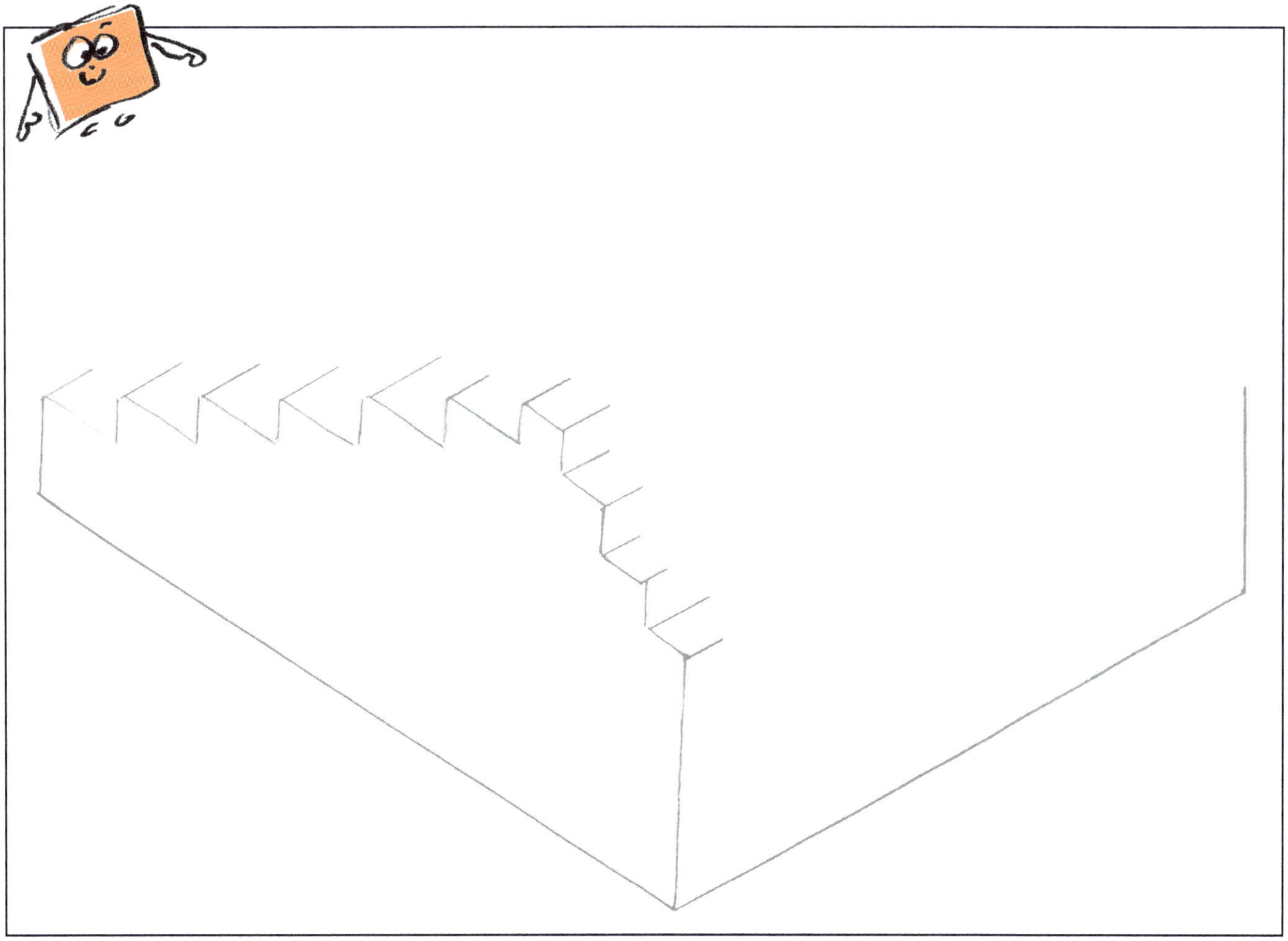

Hier siehst du schon die ersten Linien der Treppe. Arbeite sie vollständig aus.

KNICK IN DER OPTIK

★☆☆

Geht es dir auch so? Immer wenn du meinst, du durchschaust, in welche Richtung die Seiten des Dreiecks verlaufen, stimmt es schon wieder nicht und die Richtung kehrt sich um.

Gestalte oben das Streifenmuster bis in die Ecken. Zeichne die unteren Dreiecke nach.

Zeichne das Dreieck Schritt für Schritt nach.

WASSERKREISLAUF

★★★

Bevor dieser Wasserfall in die Tiefe stürzt, fließt er erstmal nach oben – wirklich sehr seltsam. Dieser Eindruck entsteht durch eine perspektivische Trickserei bei den senkrechten Verstrebungen des Gerüsts. Probiere es hier doch gleich mal aus!

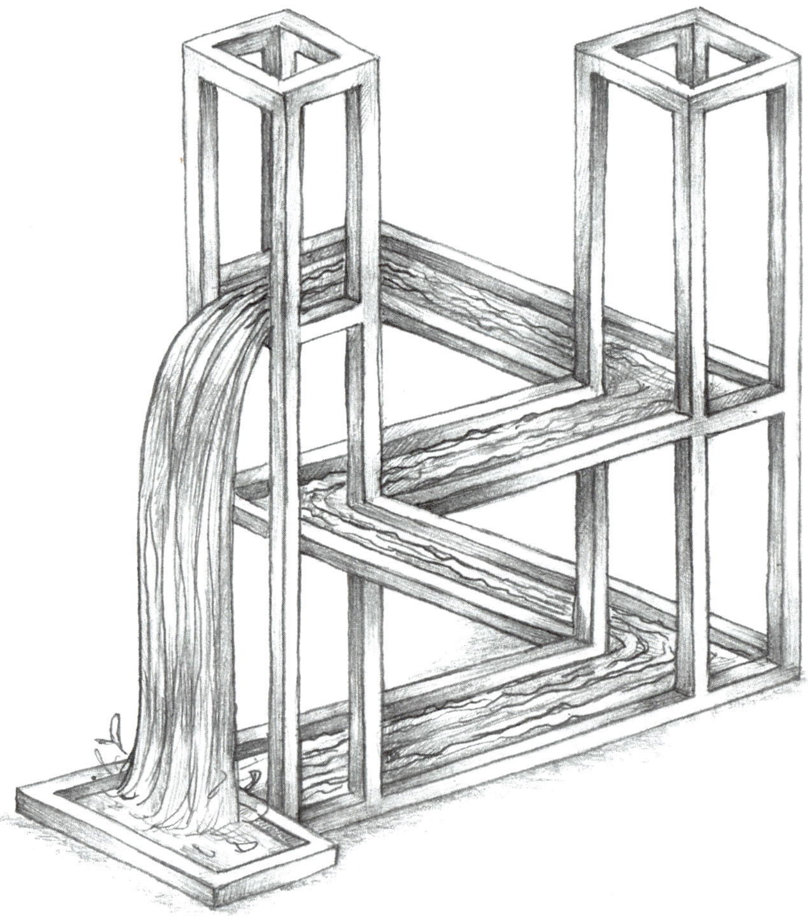

Das gibt's doch nicht! Zeichne viele staunende Menschen um diesen mysteriösen Wasserfall herum.

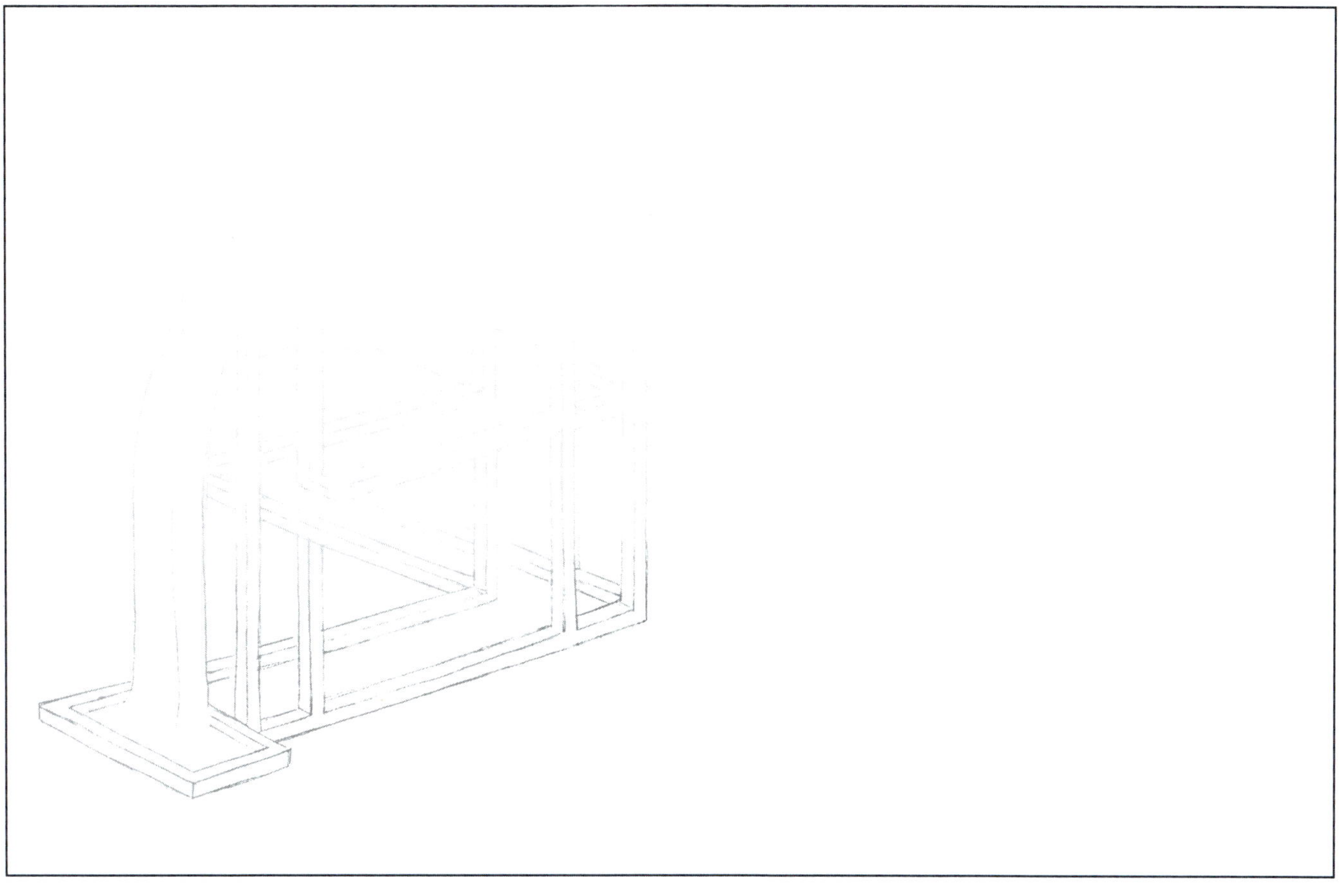

Links sind die Konturen schon hell vorgegeben, rechts kannst du allein zeichnen.

Ähnlich wie der Wasserfall sind diese zwei Türme unmöglich konstruiert. Zeichne sie anhand des Vordrucks.

DREI ODER VIER?

★☆☆

Siehst du vier oder drei Stäbchen? Der verblüffende Effekt entsteht durch ein Wechselspiel aus Seitenflächen und oberen Flächen bei den mittleren Stäbchen. Was Seitenfläche ist, wird im Verlauf nach rechts unten zu einer oberen Fläche und umgekehrt.

Ergänze die Reihe nach unten mit weiteren Stäbchen. Achte dabei auf die richtige Perspektive.

Zeichne die Stäbchenreihe unten fertig und gestalte die unterschiedlichen Reihen mit Mustern deiner Wahl.

GASSIGEHEN

★★☆

Dieses verdrehte Dreieck ist ganz schön seltsam anzusehen. Wie kommen nur die drei Seiten zusammen? Und dann führt der Spazierweg von Mann und Hund auch noch gleichzeitig zum höchsten und zum tiefsten Punkt des Dreiecks.

Zeichne weitere Spaziergänger auf die Flächen des Dreiecks. Sind auch noch mehr Tiere unterwegs?

Oben erkennst du die Umrisse des Dreiecks und der Figuren. Versuche, das ganze Motiv mit Schatten zu zeichnen.

HOLZKASTEN

★★☆

Dieser Kasten ist verblüffend und einfach zu zeichnen. Der Trick besteht darin, an den Schnittpunkten der einzelnen senkrechten und waagrechten Leisten diejenigen Leisten durchgehend zu zeichnen, die eigentlich im Hintergrund liegen müssten.

Wo steht dieser Kasten wohl? Zeichne den Untergrund und überlege dir, wofür der Kasten verwendet werden kann.

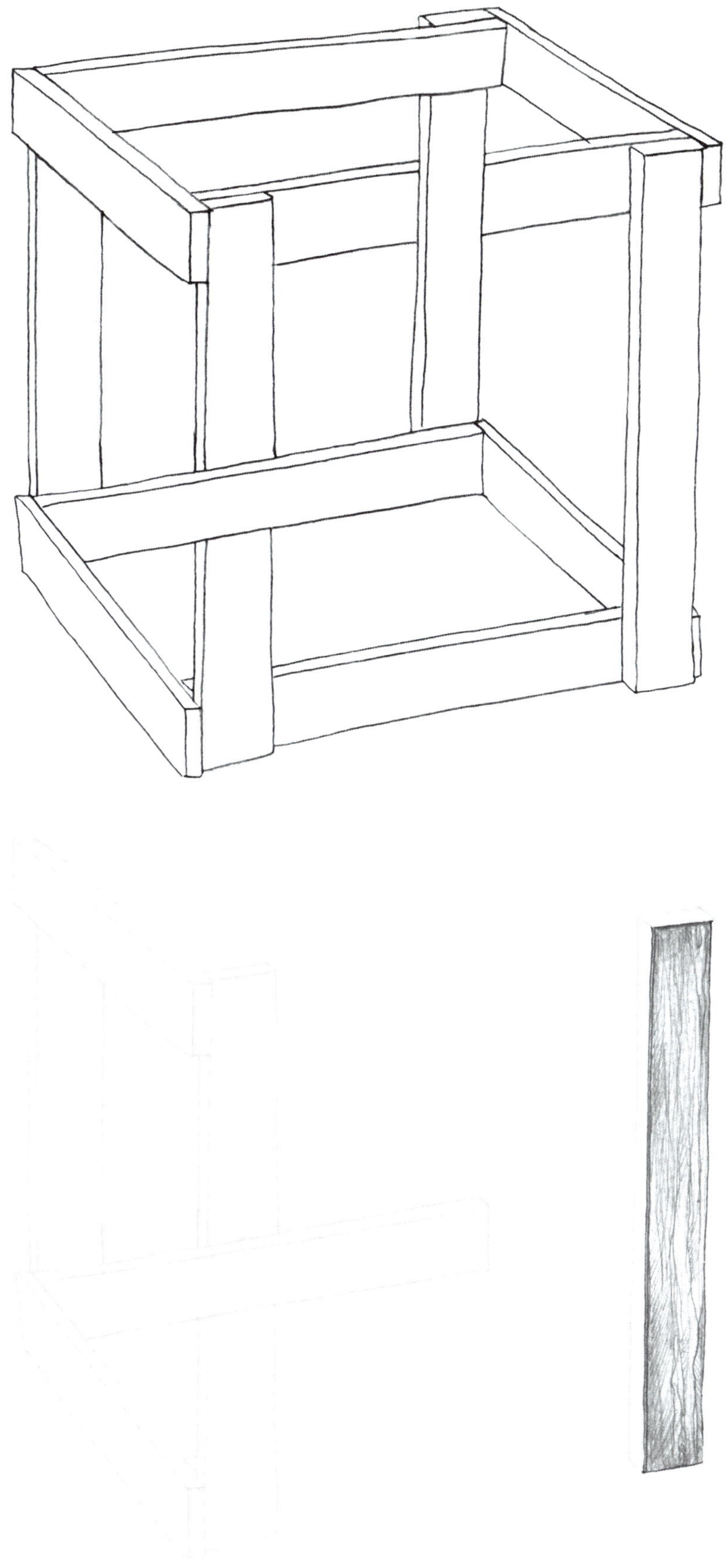

Gestalte oben den Kasten aus einem anderen Material. Unten kannst du das Zeichnen des Holzkastens üben.

STETIG BERGAUF

★★★

Was für eine seltsame Treppe! Wenn du ihren Weg auf den Stufen verfolgst, wirst du feststellen, dass es immer bergauf geht - oder bergab, wenn du in die entgegengesetzte Richtung läufst.

Konstruiere die Treppe, indem du zu jeder Stufe senkrechte Linien hinzufügst und die Kanten am unteren Rand einzeichnest.

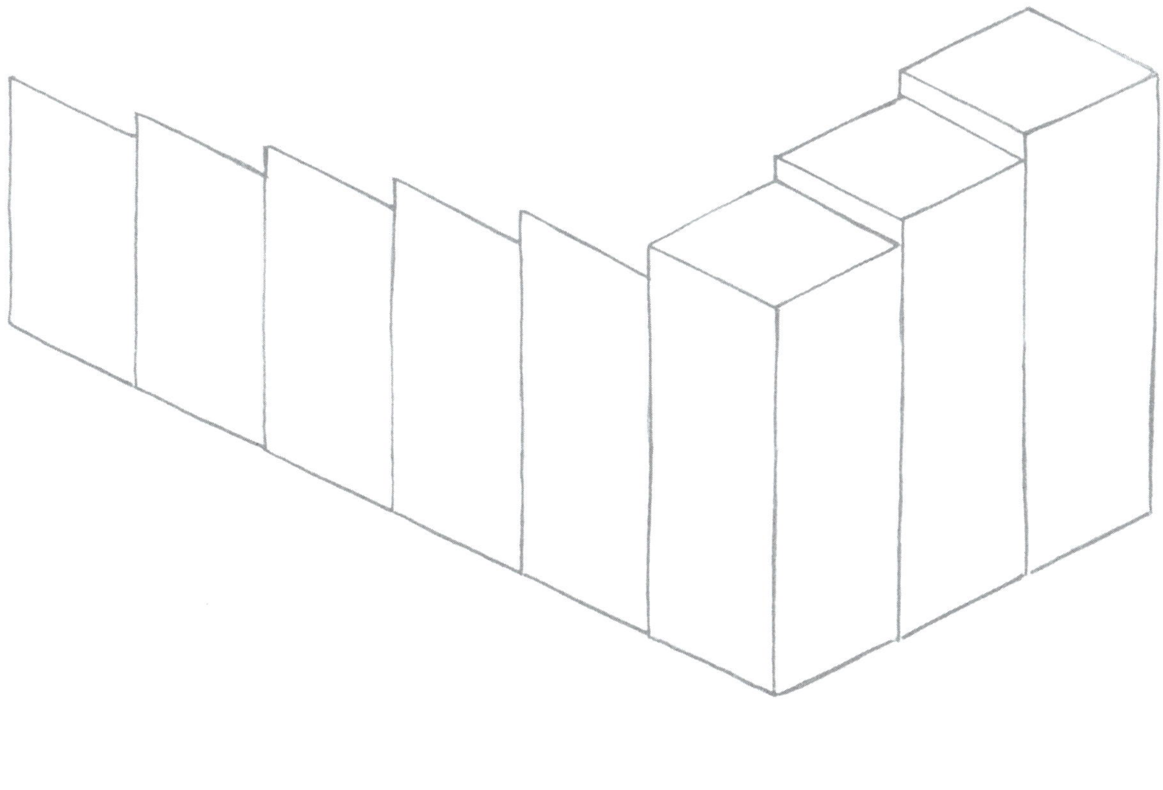

Dieses Motiv ist nicht einfach, aber die ersten Hilfslinien helfen dir sicher dabei, die Treppe perfekt zu zeichnen.

WÜRFEL IM DREIECK

★★★

Dieses in sich verdrehte Dreieck besteht aus lauter einzelnen Würfeln. Damit es gelingt, ist es wichtig, die Würfel perspektivisch richtig anzulegen. Nimm am besten ein Lineal zu Hilfe!

Schraffiere die Würfel wie auf der rechten Seite zu sehen. Dadurch sieht deine Zeichnung plastischer aus.

Das Dreieck steht Kopf. Versuche, ob du das Motiv trotzdem anhand der Konturen zeichnen kannst.

WENDE- UND TRUGBILDER

Kannst du dir vorstellen, in einem einzigen Bild zwei Gesichter zu erkennen? Oder, dass ein Tier vielleicht gar nicht das Tier ist, für das du es hältst, sondern ein ganz anderes? Und wäre es nicht spannend, wenn sich deine Zeichnung plötzlich dreidimensional vom Papier abhebt? Lass dich auf den kommenden Seiten überraschen!

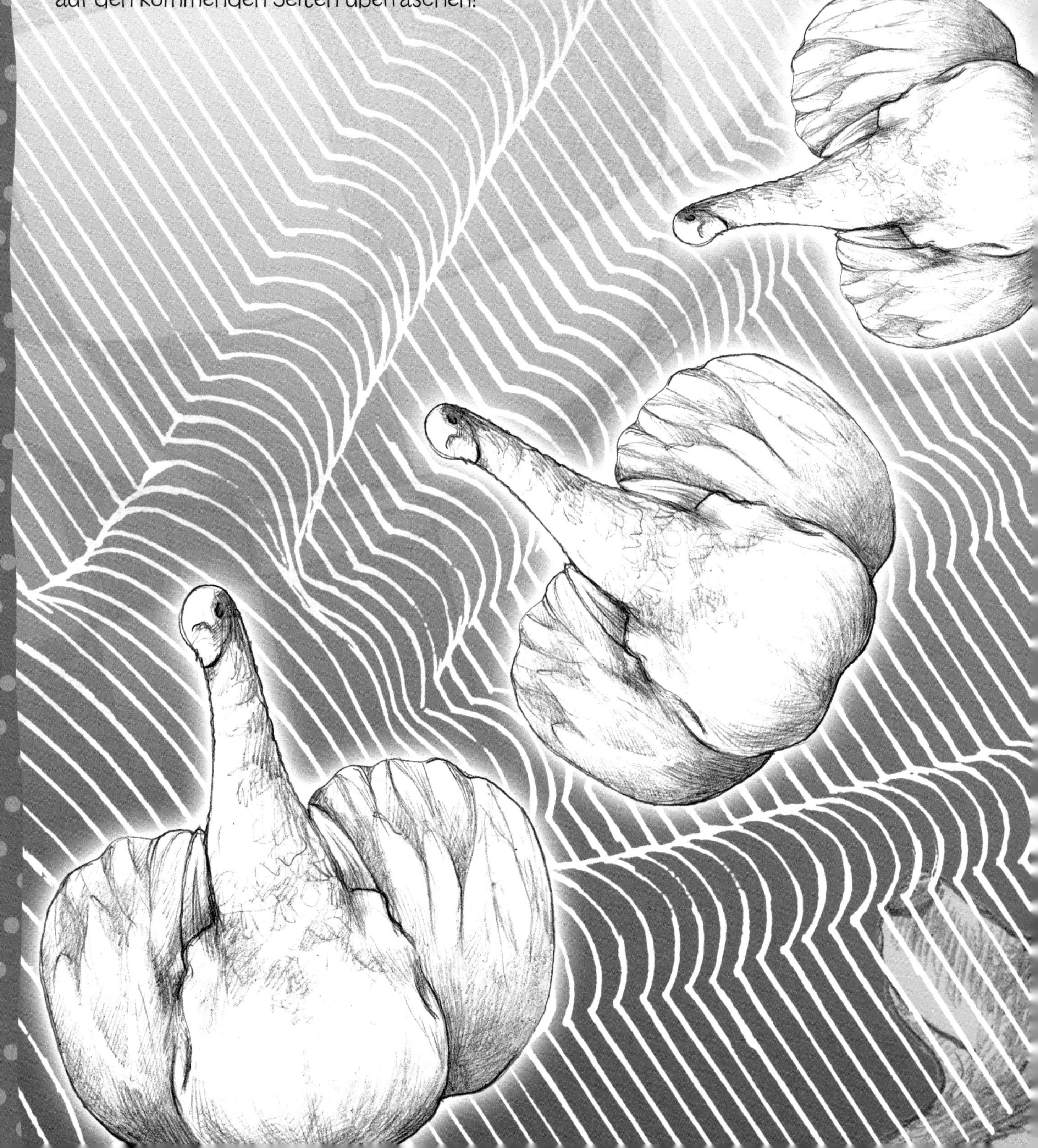

HAND DRAUF

★★☆

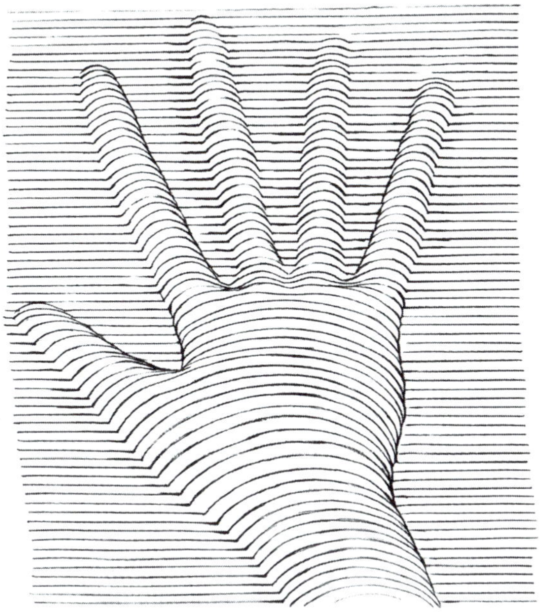

Formlinien folgen der Form eines Körpers und modellieren die Oberfläche plastisch. Wie bei dieser Hand, die sich dreidimensional vom Papier abhebt, weil die Formlinien sich der Hand entsprechend wölben.

Lege deine Hand mit gespreizten Fingern aufs Papier und fahre den Umriss nach. Zeichne nach und nach die Linien ein.

DREI HUNDE?

★☆☆

Was stimmt denn hier nicht? Bei diesen sonderbaren Hunden sind die Köpfe und Hinterteile auf ganz merkwürdige Weise gegeneinander verschoben.

Ergänze die Beine und Hinterteile der Hunde. Wenn du magst, zeichne noch weitere Vierbeiner dazu.

Die Konturen zeigen die drei Hundeköpfe. Arbeite die Zeichnung weiter aus.

Hier kannst du üben, das Hundefell mit Schraffuren zu gestalten.

SCHWANELEFANT

★★☆

Dieses Wendebild ist einfach genial! Hier verstecken sich ein Schwan und ein Elefant in einem Bild - kaum zu glauben.

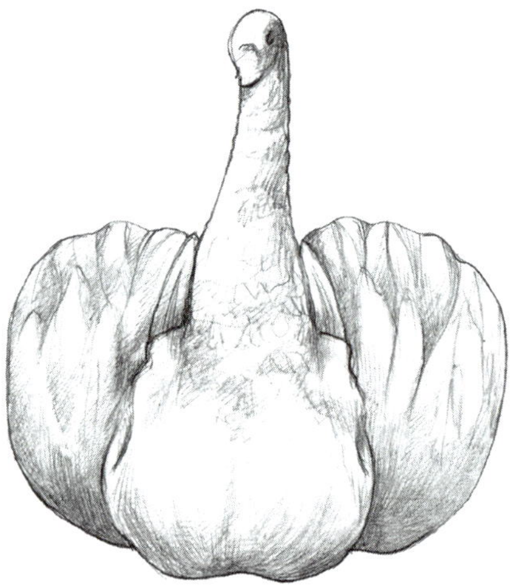

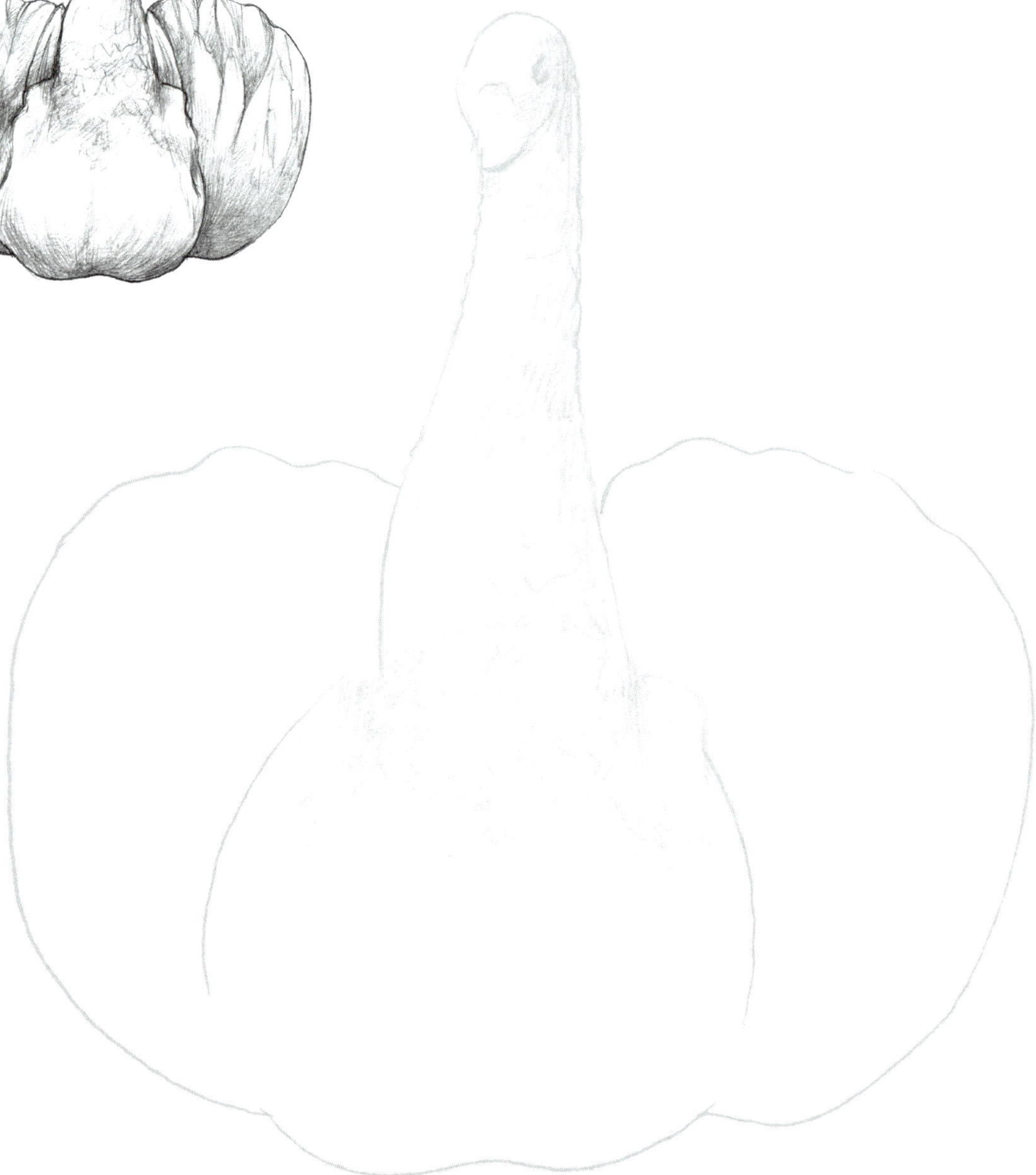

Gestalte die Zeichnung mit Schraffuren aus. Orientiere dich dabei am fertigen Motiv.

Mit diesen vorgegebenen Linien solltest du das Motiv auch umgedreht gut allein hinbekommen.

TIERPARADE

★★☆

In diesem Bild verstecken sich insgesamt elf Tiere – vom Elefanten über Hund, Katze, Maus bis hin zum kleinen Fisch. Kannst du sie alle entdecken?

Gestalte einen gemischten Hintergrund, sodass sich alle Tiere wohlfühlen.

Fallen dir noch weitere Tiere ein, die du in die Kontur zeichnen kannst?

Die Konturen von Kopf und Rücken des Elefanten sind bereits hell vorgezeichnet. Gestalte die ganze Tierparade.

PRINZESSIN UND GOUVERNANTE

★★☆

Sieht ein bisschen aus wie ein Comic – ist aber ein Wendebild! Stellst du die hübsche, junge Prinzessin auf den Kopf, verwandelt sie sich in eine betagte Gouvernante.

Hier kannst du lockere Wellenlinien üben – die Prinzessin trägt ihre Haare offen, die Gouvernante hat sie hochgesteckt.

Hier siehst du schon einige helle Linien. Zeichne das Motiv weiter. Orientiere dich dabei an der Vorlage.

HASENTE

★☆☆

Welches Tier siehst du hier sofort? Die meisten von euch entdecken wahrscheinlich zuerst die Ente. Oder doch den Hasen, bei dem der Schnabel zu den Ohren geworden ist?

Zeichne eine Mauer oder einen Zaun, die den Körper des Tiers verdecken. Gestalte auch eine Landschaft im Hintergrund.

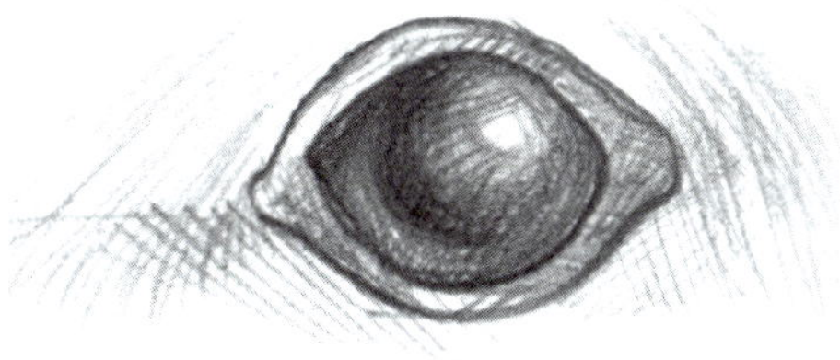

Versuche, das Auge so genau wie möglich in das leere Feld zu zeichnen.

Zeichne die Hasente anhand der ersten hell vorgedruckten Linien fertig.

HUNDEBESITZER

★★☆

Kaum zu glauben: Wenn man den seltsamen Hundebesitzer auf den Kopf stellt, wird er tatsächlich zu seinem eigenen, an einem Knochen schnuppernden Hund.

Zeichne das Gesicht des Hundebesitzers. Achte darauf, dass der Hund zu sehen ist, wenn du ihn umdrehst.

Übe auf dieser Seite das umgedrehte Motiv, das den Hund zeigt, zu zeichnen.

VOM FISCH ZUR GANS

★★★

Was unten im Bild als Fischschwarm anfängt, endet oben mit fliegenden Wildgänsen. Dazwischen befindet sich eine Art Verwandlungszone, in der die Formen der Tiere ineinander übergehen.

Gestalte einen Hintergrund, bei dem der Meeresboden in einen Himmel mit Wolken übergeht.

Vervollständige die Zeichnungen. Orientiere dich dabei an der Abbildung auf der linken Seite.

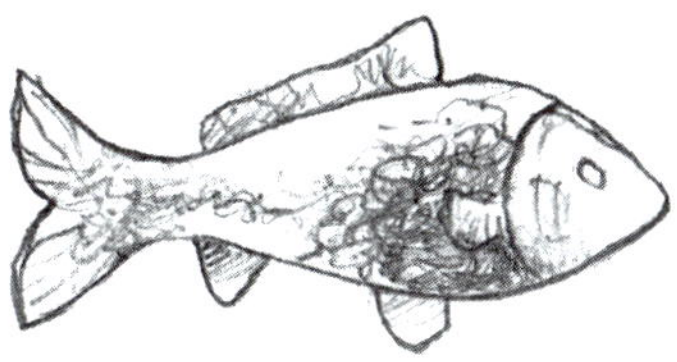

Zeichne den Fisch zur Übung freihand.

Versuche die Gans ohne Hilfslinien zu zeichnen.

ZEIGT HER EURE FÜSSE

★☆☆

Ein Trugbild zum Augenreiben: Dieses Motiv lebt vom Gegensatz der Halbschuhe auf der einen Seite und der Absatzschuhe auf der anderen. Beide gehen immer im Wechsel ineinander über.

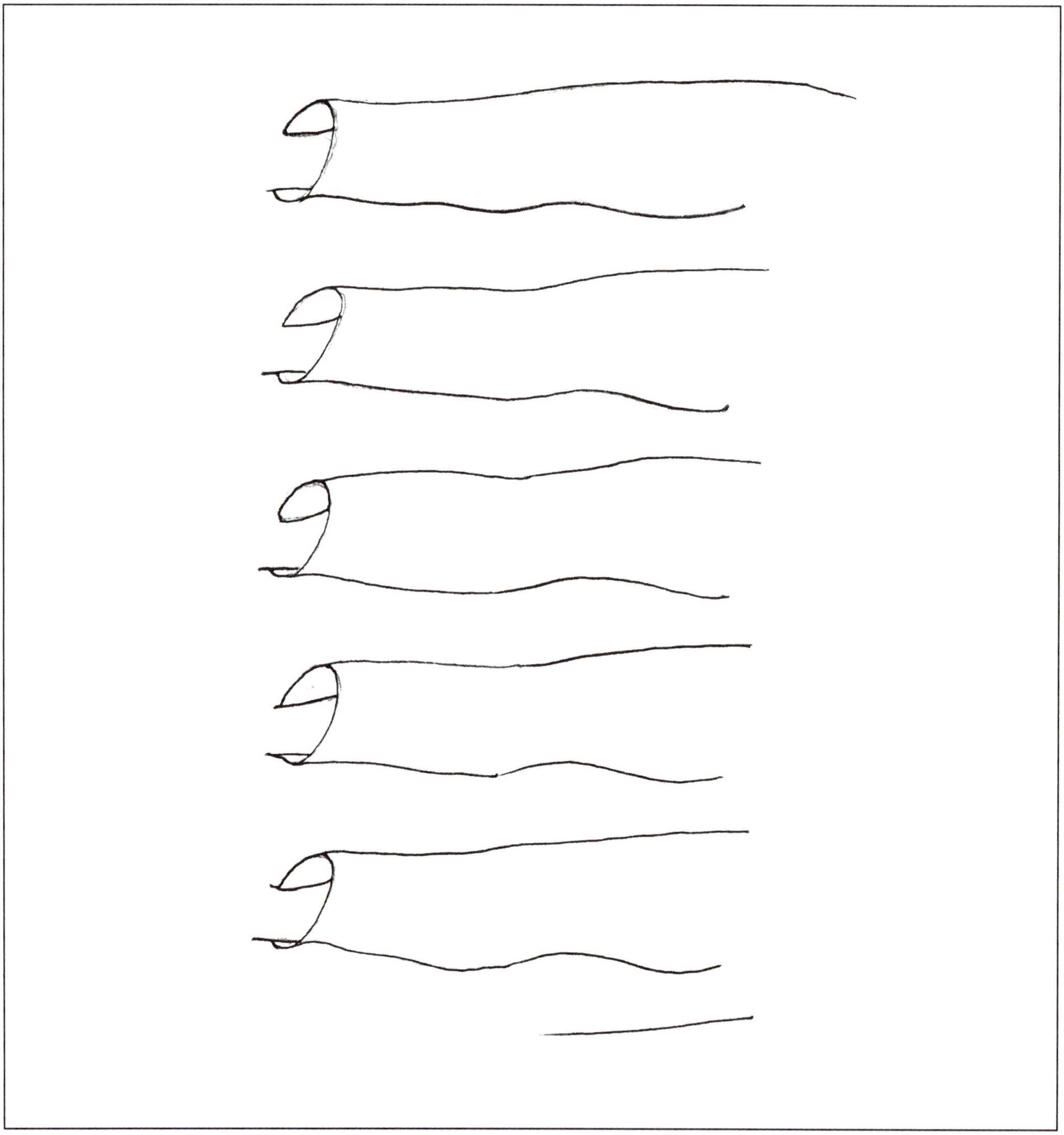

Zeichne die Füße links mit Wanderschuhen oder Sneakers und rechts mit Ballerinas oder Stiefeletten.

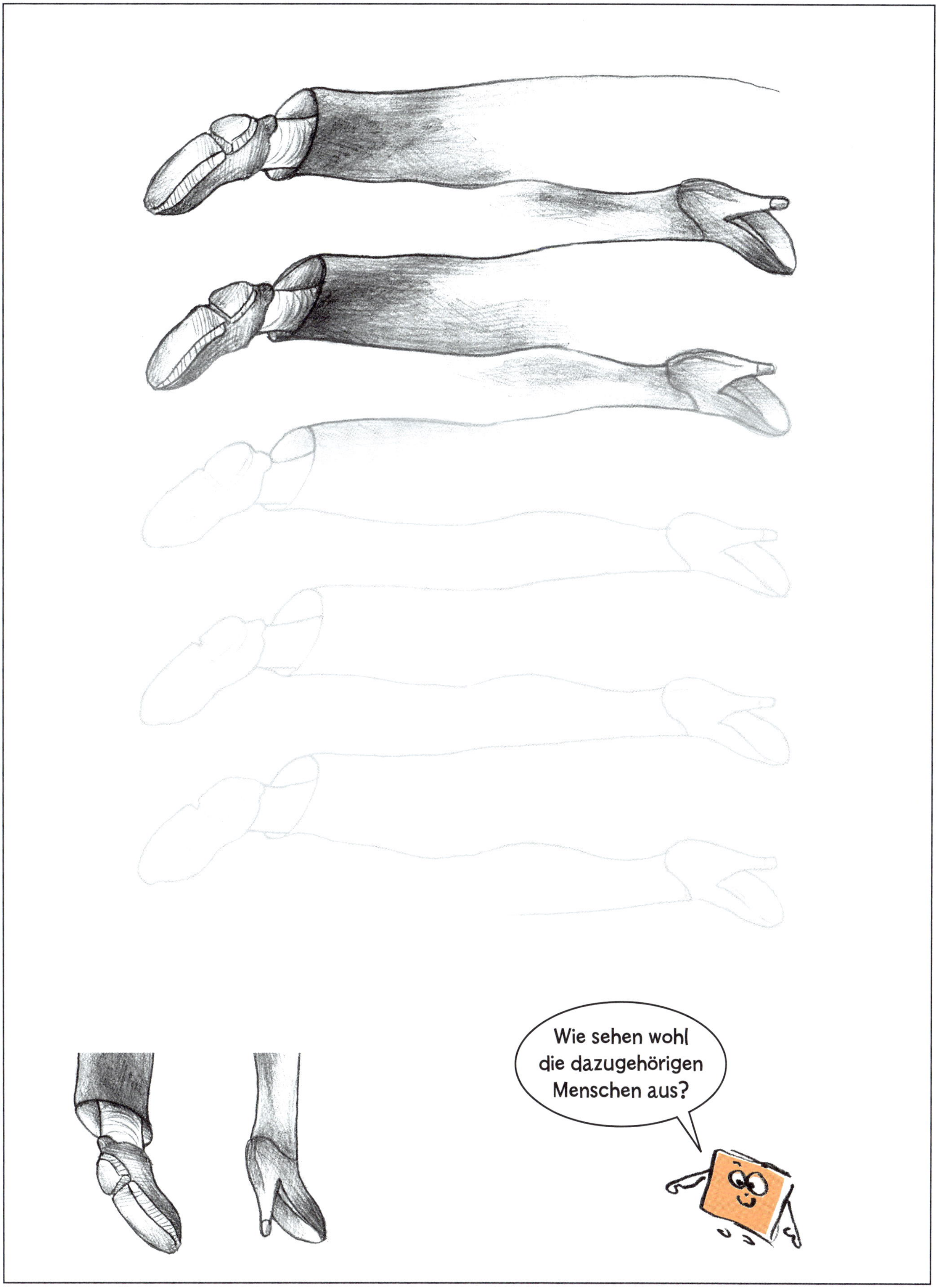

Zeichne die trügerischen Beine anhand der hell gedruckten Konturen weiter.

KRÖTENPFERD

★★★

Was bei diesem Wendebild auf den ersten Blick wie eine Kröte aussieht, die an einem Teich hockt, wird – um 90 Grad gedreht – zu einem Pferdekopf mit zwei Bäumen im Hintergrund.

Bist du geübt im Zeichnen, dann versuche einen Hintergrund zu gestalten, der auch gewendet noch passt.

Versuche, das Motiv um 90 Grad gedreht zu zeichnen.

Die Konturen des Krötenpferds sind bereits hell vorgezeichnet. Arbeite das Motiv fertig aus.

BLICK INS LAND

Die Magie dieses Bilds liegt darin, dass es gleichzeitig aus zwei Ansichten besteht. Du erkennst ein Gesicht, aber auch einen Hasen, der auf einem Hügel sitzt und ins Land schaut.

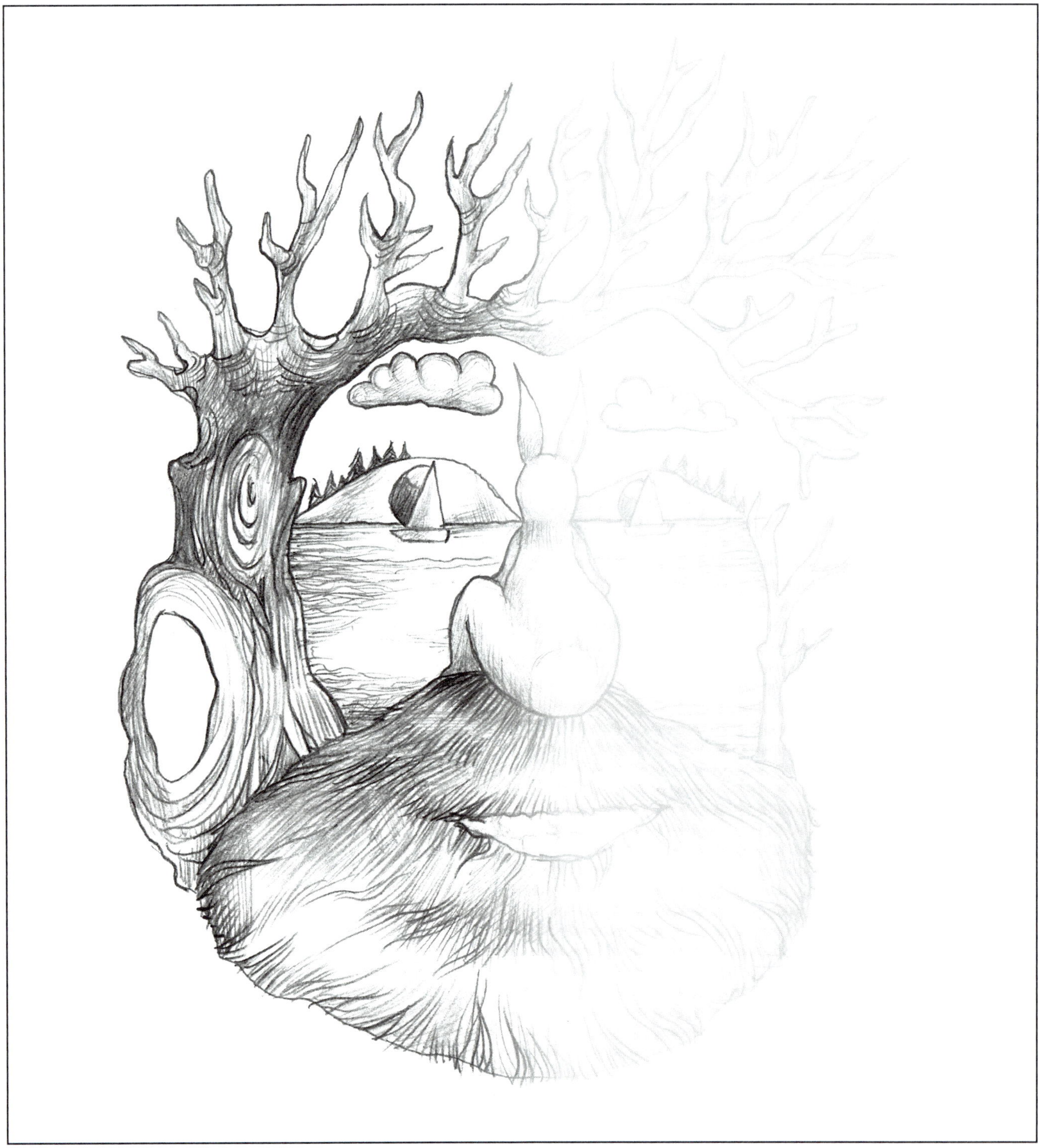

Die Hälfte des Motivs ist bereits fertig. Zeichne über die hellen Bereiche die rechte Hälfte.

Übertrage die zwei Zwischenschritte in dieses Feld.

SCHAFSROBBE

★☆☆

Hier kommt noch einmal ein Wendebild für dich. Wenn du die Robbe in ein Schaf verwandelst, achte besonders beim Übergang der Flossen in die Ohren gut auf die Fellstrukturen.

Gestalte die Kontur der Schafsrobbe mit Schraffuren aus. Orientiere dich dabei am fertigen Motiv.

Gestalte die rechte Hälfte der Schafsrobbe über den hellen Linien.

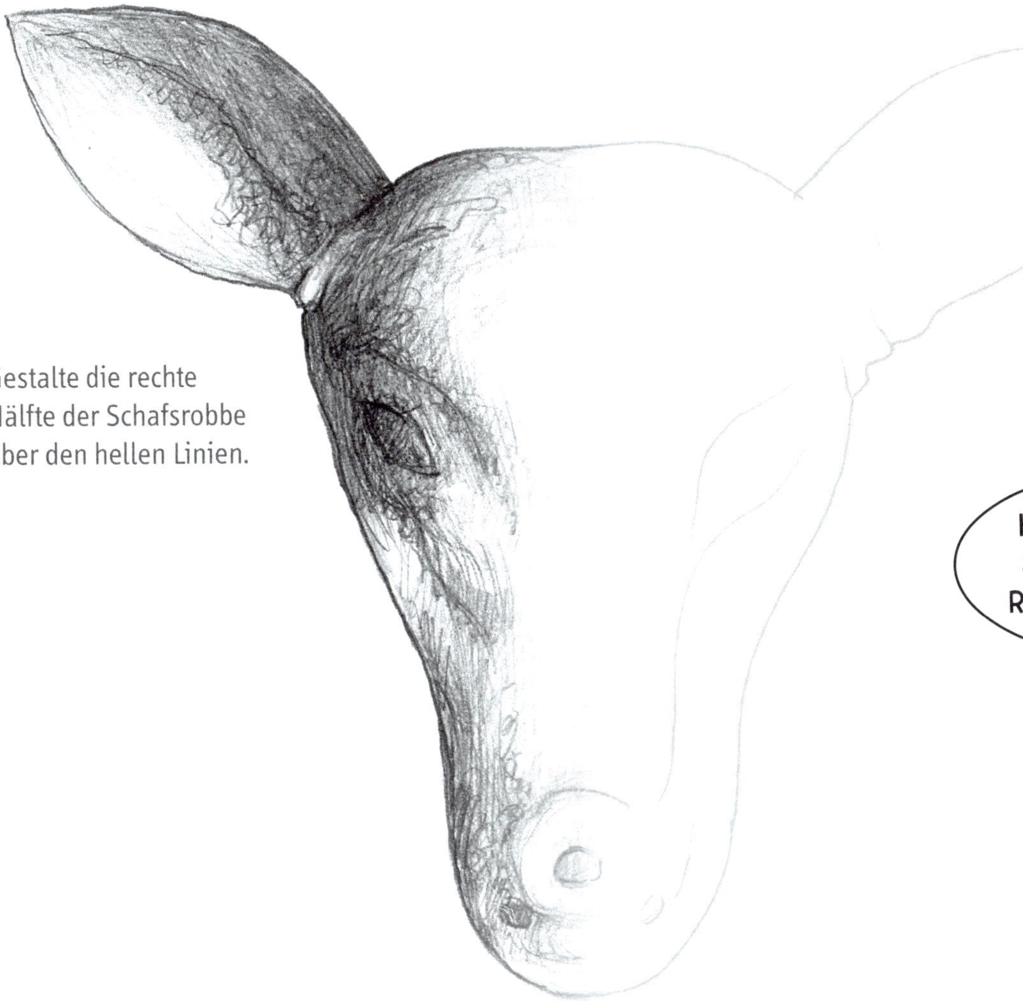

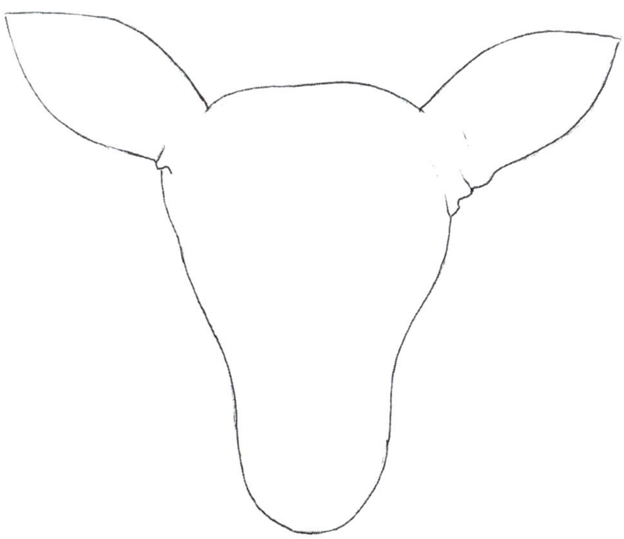

Zeichne die Grundform des Schafkopfes in das leere Feld.

KLETTERKATZE

★★☆

Sieht es nicht aus, als würde die kleine Katze durch das in Streifen geschnittene Papier aus dem Buch herausklettern wollen? Eine klassische optische Täuschung!

Gestalte die Streifen mit Mustern deiner Wahl. Verlängere die Streifen außerdem bis zum Rand der Fläche.

Zeichne die kecke Kletterkatze hier anhand der hell gedruckten Konturen weiter.

KAROKUGEL

★★★

Ist die Kugel, die sich aus dem Karomuster herauswölbt, nicht eine perfekte Illusion? Mit dieser Zeichnung wirst du für Staunen sorgen.

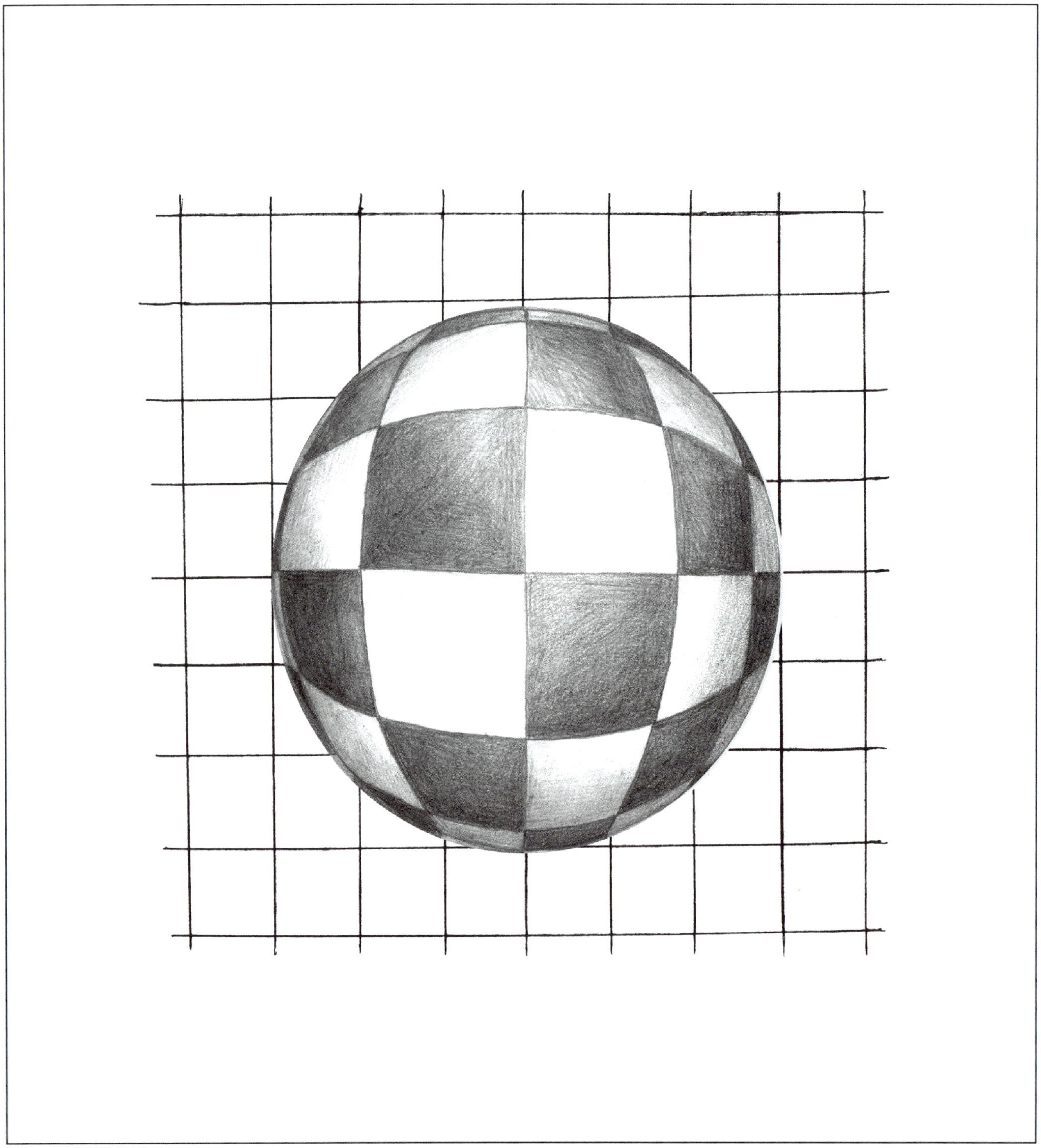

Übe das Zeichnen eines großen Schachbrettmusters, indem du den Hintergrund gestaltest.

Das Hintergrundmuster ist bereits fertig. Zeichne nun die gewölbte Kugel in die Mitte.

VIELFÜSSLER-ELEFANT

★★☆

Ein interessantes Lebewesen, findest du nicht? Seine vielen Beine sind vielleicht etwas verwirrend, aber nicht allzu schwer zu zeichnen.

Ob dieser Elefant im Dschungel oder gar auf einem fremden Planeten wohnt? Zeichne ihm einen schönen Hintergrund.

Ein paar Linien sind schon vorgegeben. Ergänze die Kontur für das Gewirr von Beinen.

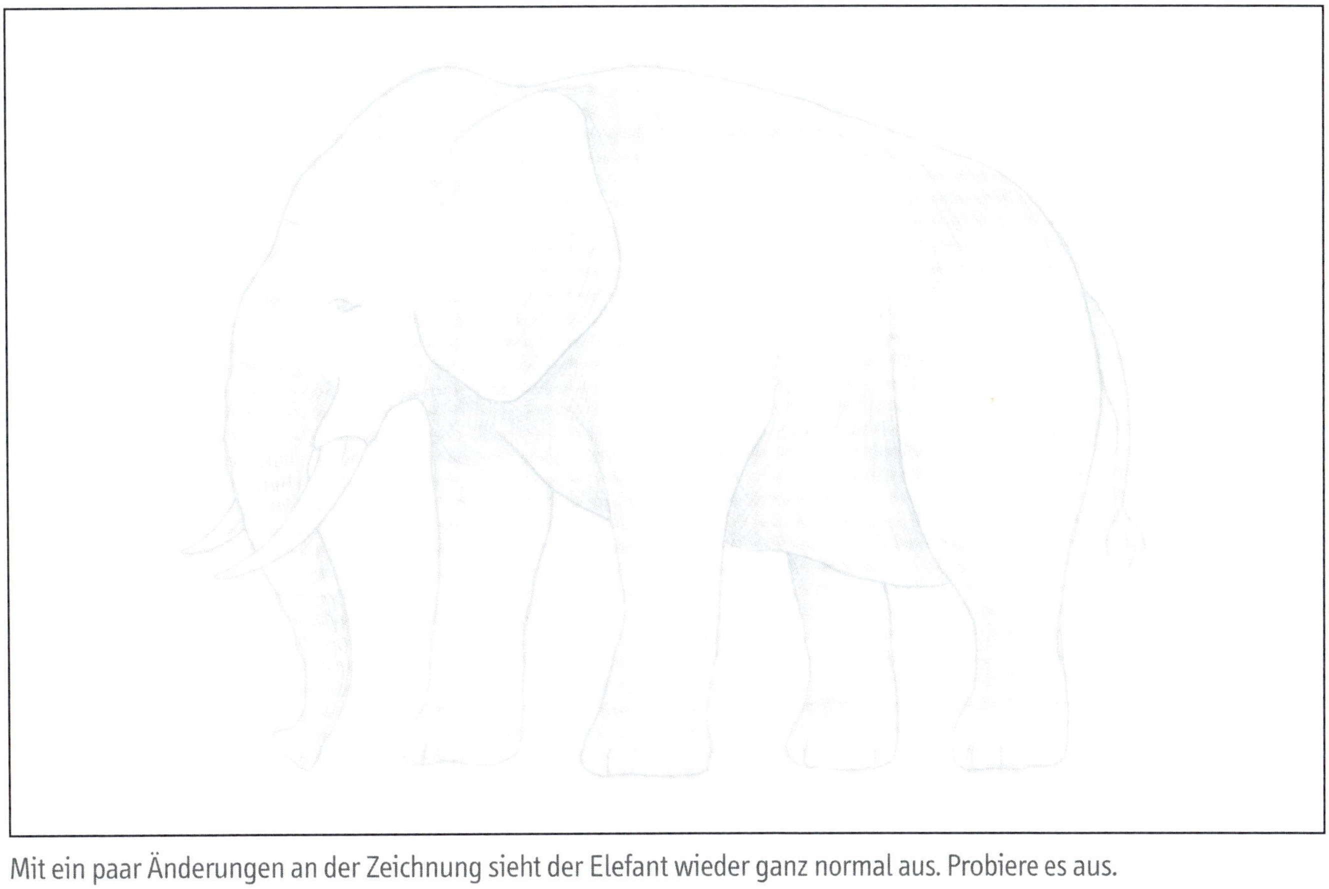

Mit ein paar Änderungen an der Zeichnung sieht der Elefant wieder ganz normal aus. Probiere es aus.

3-D-DELFIN

★★★

Formlinien folgen der Form eines Objekts oder Körpers. Hier verlaufen die Linien, die sich über den Körper des Delfins wölben, nicht waagrecht, sondern diagonal.

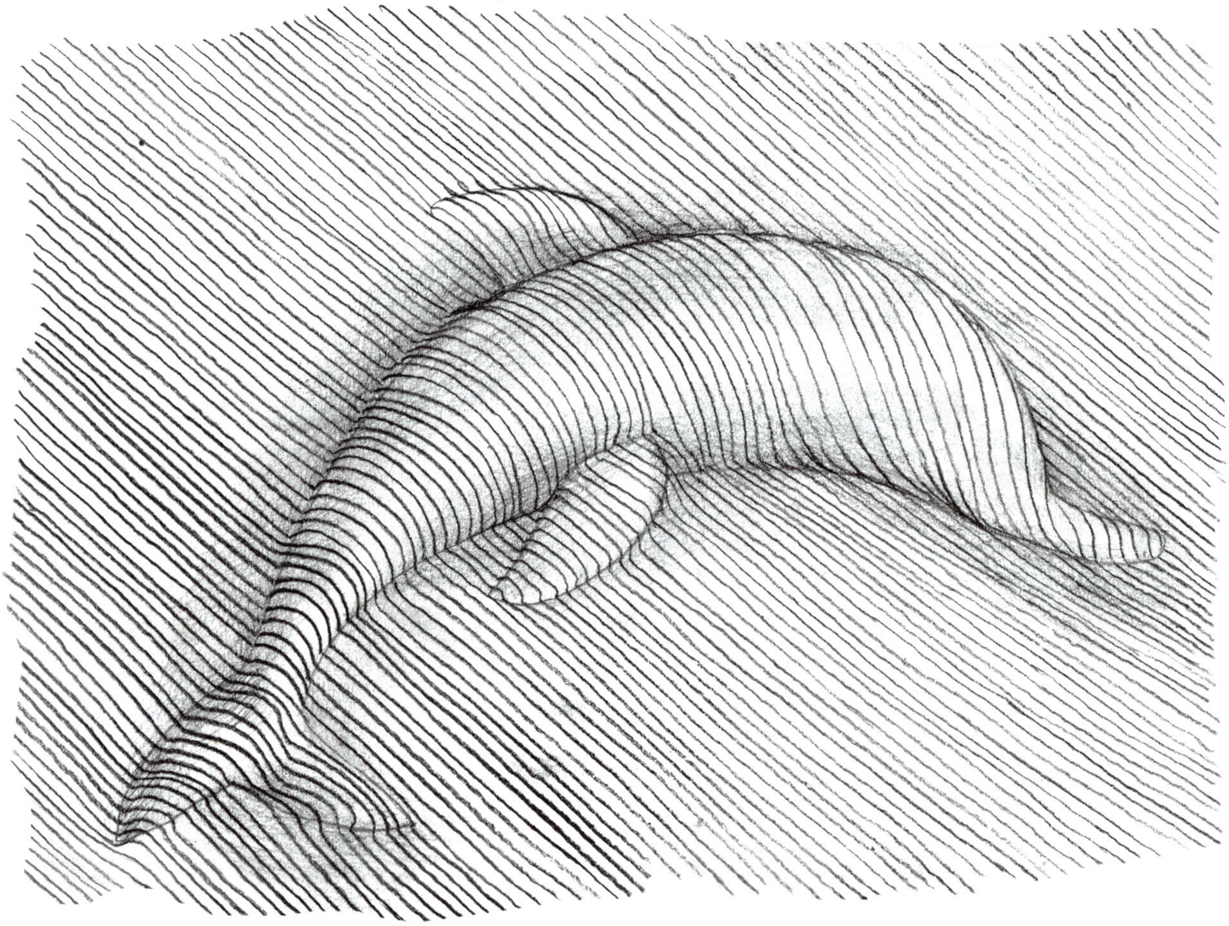

Setze die Linien bis an den Rand der Fläche fort. Ergänze dabei, wenn du willst, andere Meeresbewohner in 3-D.

Hier tummeln sich gleich zwei Delfine im Wasser. Arbeite sie mit diagonalen Formlinien plastisch heraus.

VERBLÜFFENDE ILLUSIONEN

In diesem Kapitel gehen wir noch mal ein Stück weiter. Einige Illusionen kommen erst als Foto richtig zur Geltung. Willst du das selbst ausprobieren, dann pause dir die Motive ab, denn für die perfekte Täuschung muss auch mal zugeschnitten und gefaltet werden.

MIT HERZ

★★☆

Wenn du das Herz aus einem bestimmten Blickwinkel fotografierst, sieht es aus, als würde es auf dem Tisch stehen. Eine schöne Illusion und gar nicht schwer zu zeichnen!

Sieh dir das Herz unten gut an an. Darüber hast du Platz das Motiv zweimal zu zeichnen – einmal mit Hilfe, einmal ohne.

IN DER SCHWEBE

★★☆

Dieses Motiv wirkt nur richtig als Foto mit der passenden Perspektive. Noch perfekter wird die Illusion, wenn du mit etwas Geschick einen Teil des Blatts abschneidest, sodass die Zeichnung darüber hinausragt.

Auf dieser Seite kannst du das Motiv zweimal zeichnen – einmal anhand der Kontur, einmal allein.

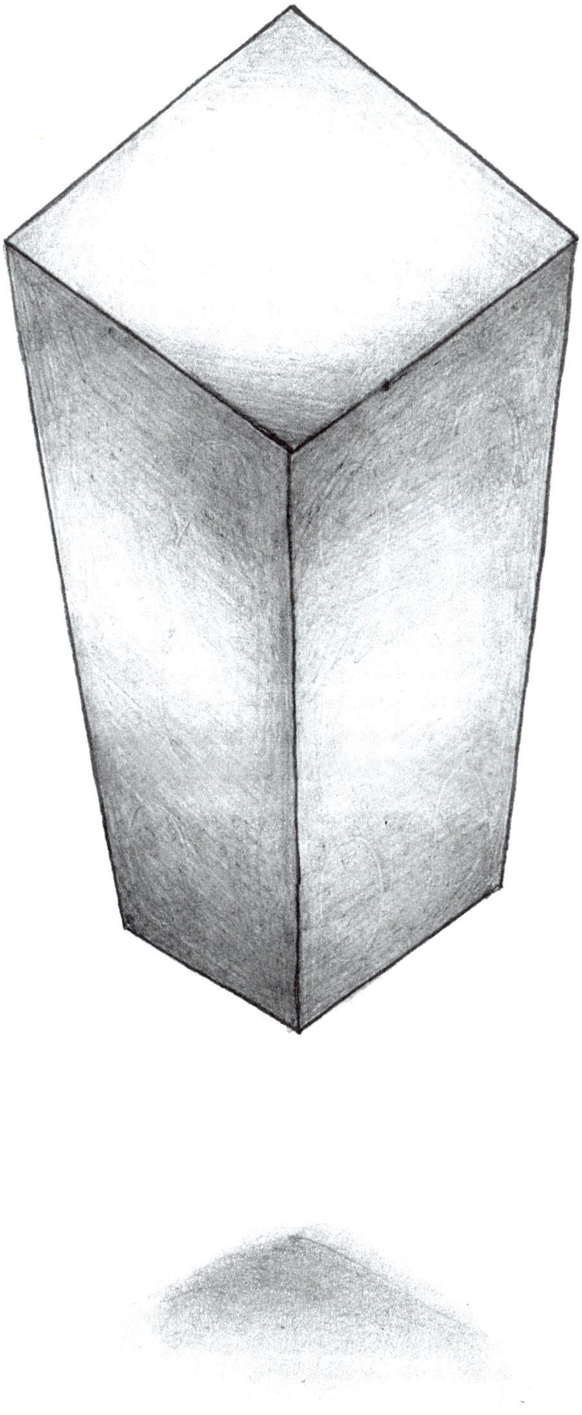

Zeichne das Motiv, wie es im Foto zu sehen ist.

KAROTRICHTER

★★★

Bei diesem Motiv geht es in die Tiefe. Der Trichter erfordert beim Zeichne etwas Geduld und eine ruhige Hand, damit es am Ende auch so gelingt, wie du es dir vorstellst.

Setze die Linien und das Karomuster oben und unten bis zum Rahmen fort.

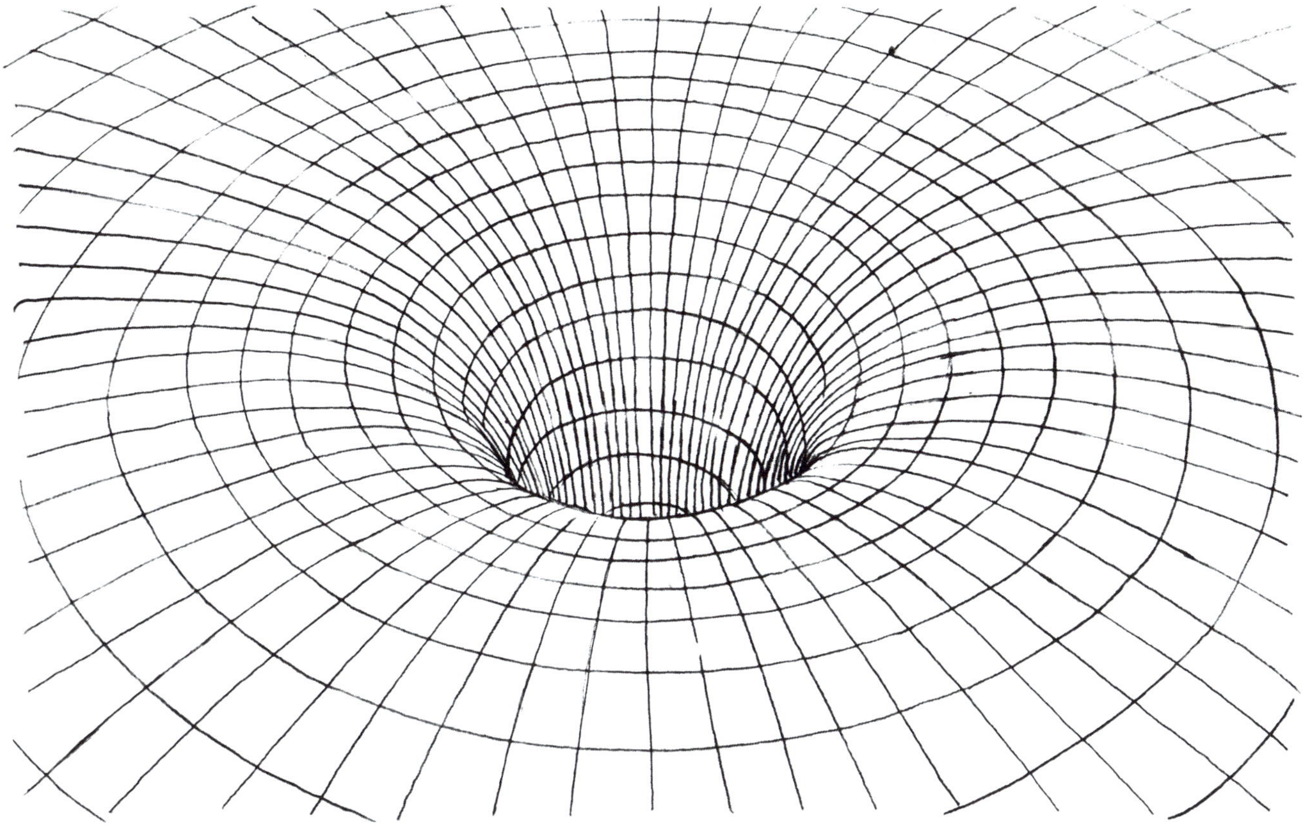

Schraffiere jedes zweite der kleinen Kästchen dunkel.

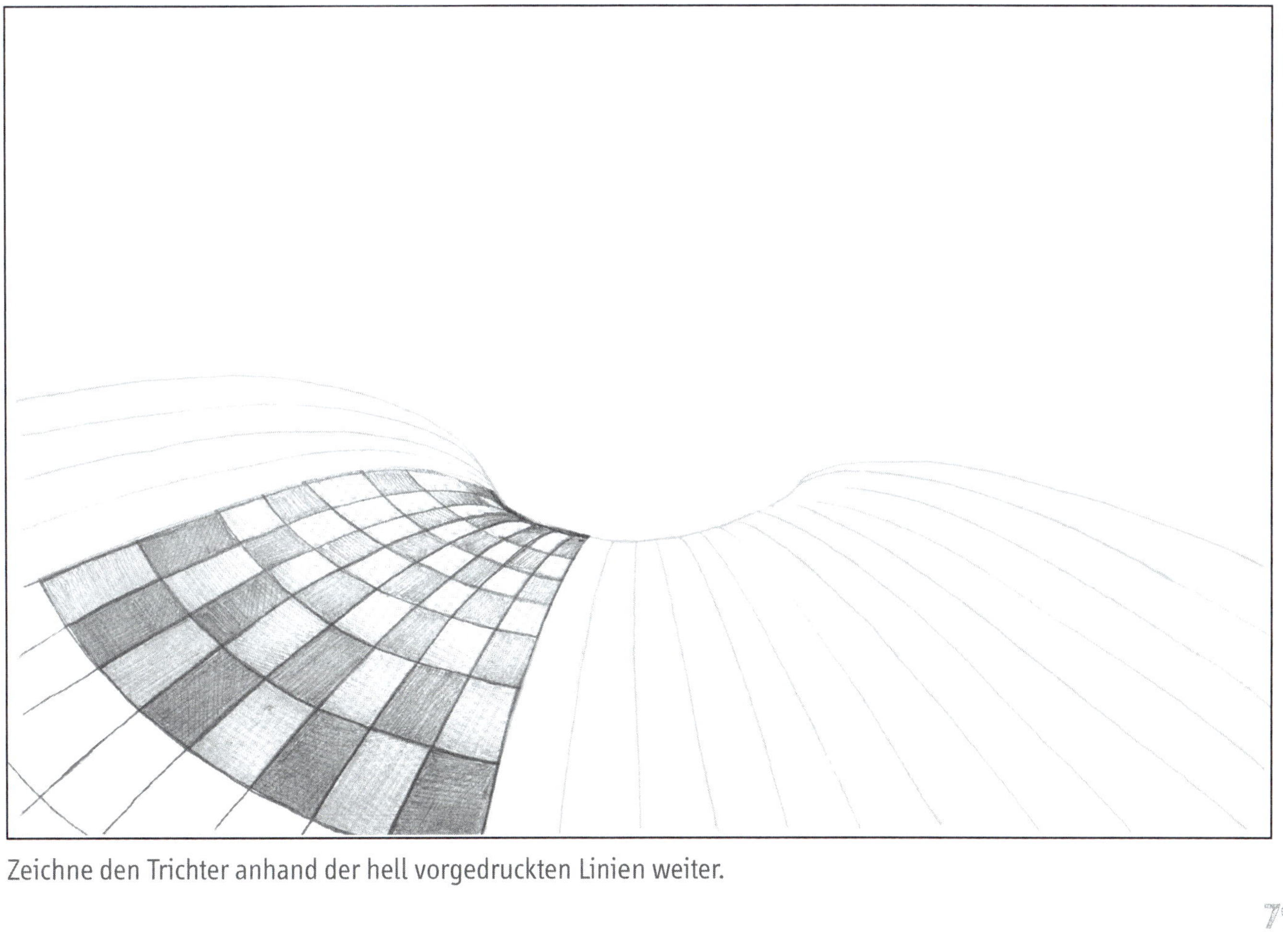

Zeichne den Trichter anhand der hell vorgedruckten Linien weiter.

FLUCHTLEITER

★☆☆

Diese Illusionszeichnung klappt auch gut ohne ein Foto. Wichtig für eine perfekte Illusion ist der Schatten, den die Leiter an die Wand und auf den Boden wirft.

Arbeite die Zeichnung unten fertig aus. Was befindet sich um das Loch? Gestalte die Umgebung.

Zeichne anhand der Umrisse das Motiv, wie es links zu sehen ist.

Zeichne deine eigene Fluchtleiter aus dem tiefen Loch.

SPALT

Dieser Spalt im Boden sieht gefährlich aus – der Boden ist rissig und nach der Kante geht es gerade nach unten in die dunkle Tiefe.

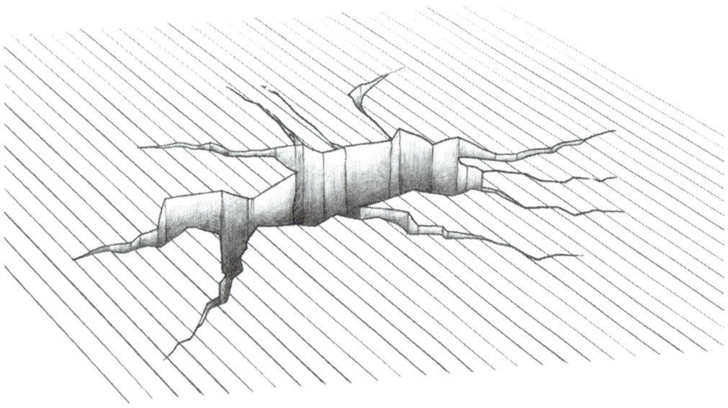

Zeichne den Spalt unten nach und gestalte den Boden rund um den Abgrund.

Hier sind bereits die ersten Umrisslinien des Spalts hell zu sehen. Arbeite den Spalt weiter aus.

Entwirf in diesem freien Feld deinen eigenen spektakulären Spalt in die Tiefe.

KELLERTREPPE

★☆☆

Diese Zeichnung sieht ein wenig sonderbar aus, da die meisten Linien leicht krumm erscheinen. Der Foto-Effekt ist dafür umso überraschender!

Schattiere die Treppenstufen und den Bereich hinter der Tür. Schau dir dafür das Bild rechts an.

Wenige Linien genügen, damit du dieses Bild perfekt nachzeichnen kannst.

A MIT TIEFGANG

★★☆

Lass dich von einem Buchstaben überraschen, der sich in die Tiefe senkt! Der Effekt kommt auf dem Foto besonders gut raus.

Gestalte den Buchstaben mit deinen Lieblingsfarben bunt aus.

Zeichne die Linien im „A“ ein. Ergänze anschließend die dunklen Schraffuren.

GERADE RUNTER

★☆☆

Auf den ersten Blick scheint diese Treppe in einem Bogen zu verlaufen. Oder doch nicht? Richtig fotografiert wird aus der gebogenen Treppe ein normaler Treppenaufgang.

Zeichne die untere Hälfte der Treppe und schattiere die einzelnen Stufen.

Gestalte die Treppe mit Schraffuren fertig aus.

ABGEHOBEN

★★★

Dieser Körper mit Schachbrettmuster scheint wirklich zu schweben! Seine perspektivische Umsetzung ist nicht so einfach, also betrachte es als eine Art Meisterprüfung zum Abschluss dieses Buchs.

Für kleine Profis: Gestalte kleine einfarbige Würfel, die neben dem großen in der Luft schweben.

Die Umrisse des Würfels sind hell vorgegeben. Arbeite ihn mitsamt Karomuster und Schatten fertig aus.

ABGEDREHT

★☆☆

Ganz schön verblüffend: Hast du auch den Eindruck, dass sich die Kreise bewegen? Achte beim Zeichnen darauf, dass die Pfeilspitzen nach innen kleiner werden und mit jedem Kreis ihre Richtung wechseln.

Was könnte in der Mitte der drehenden Kreise sein? Zeichne es ein.

Gestalte die inneren Kreise mit Pfeilspitzen.
Orientiere dich dabei an den hellen Hilfslinien.

BUCHEMPFEHLUNGEN FÜR DICH

Hast du Lust auf noch mehr tolle Bücher?

ISBN 978-3-7358-9054-2

ISBN 978-3-7358-9006-1

ISBN 978-3-7358-9007-8

ISBN 978-3-7724-8459-9

ISBN 978-3-7724-4394-7

ISBN 978-3-7358-9008-5

ISBN 978-3-7724-4399-2

ISBN 978-3-7724-7188-9

ISBN 978-3-7724-7880-2

ISBN 978-3-7358-9258-4

ISBN 978-3-7358-9009-2

ISBN 978-3-7358-9010-8

Viele weitere Kreativ-Bücher findest du auf www.TOPP-kreativ.de

DÜRFEN WIR VORSTELLEN? WIR SIND TOPP!

Uns, unsere Autoren, Bücher, Sets und viele, viele Bastelideen gibt's nicht nur auf Events und in Buchhandlungen, sondern natürlich auch online:

www.TOPP-KREATIV.de

www.YouTube.com/Frechverlag

www.TOPP-KREATIV.de/Newsletter

www.Instagram.com/Frechverlag

www.Facebook.com/Frechverlag

www.Pinterest.com/Frechverlag

www.TOPP-kreativ.de/DigiBib

Der Autor, geboren am 12. November 1967, ist einem breiten Publikum unter dem Namen „Gecko Keck“ als Zeichner und Designer bekannt und in der Kreativszene schon seit langer Zeit etabliert. Fast jeder kennt seine Designs für die Ferrero Ü-Eier (über 5000 Designs und 300 Modelle) oder die von ihm entwickelte bayala® Welt der Firma Schleich®. An zahlreichen Lizenzprodukten großer internationaler Marken wie Sponge Bob, Herr der Ringe, Harry Potter, Hello Kitty, Tabaluga, Asterix®, The Incredibles oder den Peanuts (um nur einige zu nennen) hat er als Gestalter mitgewirkt. Inzwischen wurden bereits über 60 Bücher von Gecko Keck veröffentlicht, einige davon Kinder- und Jugendgeschichten, viele davon aber auch zum Thema Malen und Zeichnen. Besonders auch als Autor von Kinderzeichenbüchern der Reihe „Die Kunst des Zeichnens für Kinder“ und als Manga-Zeichner hat er sich dabei einen Namen gemacht. Zahlreiche Kurse, über ganz Deutschland verteilt, haben zu diesen Themen bereits stattgefunden.

www.facebook.com/GeckoKeckBuecher

KREATIV-HOTLINE
Hilfestellung zu allen Fragen, die Materialien und Bücher zu kreativen Hobbys betreffen:
Wir beraten Sie. Rufen Sie an oder schreiben Sie eine E-Mail!
Telefon: 0711 / 123 757 20*
E-Mail: mail@kreativ-service.info

*normale Telefongebühren

IMPRESSUM

ZEICHNUNGEN: Gerhard Wörner, Stuttgart
PRODUKTMANAGEMENT: Nele Schlötzer
LEKTORAT: Betz Lektorat + Redaktion, Tübingen
COVERGESTALTUNG: Tatjana Weiß
HERSTELLUNG: Sophia Höpfner
SATZ: tebitron GmbH, Gerlingen
DRUCK UND BINDUNG: DZS Grafik, Slowenien

Materialangaben und Arbeitshinweise in diesem Buch wurden von dem Autor und den Mitarbeitern des Verlags sorgfältig geprüft. Eine Garantie wird jedoch nicht übernommen. Das Werk und die darin gezeigten Modelle sind urheberrechtlich geschützt. Die Vervielfältigung und Verbreitung ist, außer für private, nicht kommerzielle Zwecke, untersagt und wird zivil- und strafrechtlich verfolgt. Dies gilt insbesondere für eine Verbreitung des Werkes durch Fotokopien, Film, Funk und Fernsehen, elektronische Medien und Internet sowie für eine gewerbliche Nutzung der gezeigten Modelle. Bei Verwendung im Unterricht und in Kursen ist auf dieses Buch hinzuweisen.

3. Auflage 2026
© 2023 frechverlag GmbH, Dieselstr. 5, 70839 Gerlingen, einem Unternehmen der Penguin Random House Verlagsgruppe GmbH, München
produktsicherheit@frechverlag.de

ISBN 978-3-7358-9055-9 • Best.-Nr. 29055

FSC www.fsc.org MIX Papier | Fördert gute Waldnutzung FSC® C106600

Penguin Random House Verlagsgruppe FSC® N001967